「共感」へのアプローチ

文化人類学の第一歩

渥美一弥

春風社

まえがき

　本書は文化人類学の入門書である。文化人類学の学説史や特定の地域の文化の紹介ではない。あらゆる人に文化人類学の面白さを分かってもらうために、その準備体操として、文化人類学とはいったいどのようなものの見方をするのかということを紹介するつもりで書かれている。

　そういった意味では、名著『人類学のコモンセンス』（浜本満・浜本まり子共編、学術図書出版社、1994年）の内容をめざしたが、それよりも具体的にし、入門書らしく誰でも読み始められるようになっているはずである。（『人類学のコモンセンス』は本書を読破した後に読まれることをお勧めする。）

　本書は今まで筆者が看護学校や大学で「文化人類学」の入門の授業をしてきた内容がベースになっている。（その意味で、これもまた名著『文化人類学』（波平恵美子編、医学書院、2011年）の章立ても参考にさせていただいた。こちらも本書を読破した後読まれることをお勧めしておく。また、『文化人類学のレッスン』（奥野克巳・花渕馨也編、学陽書房、2011年）も一読をお勧めする。）

　多くの入門書は、どの章から読み始めても良いようになっていて、それぞれの章で完結しているが、できれば、本書は第1章から順番に読み進めて欲しい。各章がその前の章で考えたことの上に積み重なって徐々に深い内容になって行くように書いたつもりである。

　本書の特徴は、各章にちりばめられた問（とい）に対して読者が答えを出していきながら読み進めていく形をとったことである。最初は身近な事例から問を設けている。読者は、筆者の解説を読む前に、必ず、一度自分で答えを出してから読み進めて

欲しい。ひょっとしたら筆者の解説よりも良い答えが出てくるかもしれない。筆者の答えは、あくまで筆者が学んできた文化人類学の標準と筆者が考えている答えであって、読者は自由に答えてかまわない。

　章を進めていくうちに、徐々に文化人類学の本格的な事例が多くなり、最後の章では、文献から引用した事例を中心に考えていくことになる。異文化理解（本書では「共感」といいたい）へ向かうある種の手順のようなものが読者に伝わったとしたら、それが文化人類学の捉え方への第一歩だということが分かっていただけたことになる。

　それは筆者が異文化（筆者の場合はカナダ先住民サーニッチ）の世界に入り、異文化の人々に「共感」を覚えた、「ワクワクした気持ち」に繋がる。本書はこの「ワクワク感」を「共感」と呼ぶことにした。文化人類学の本当の面白さは、この「ワクワク感」だと筆者は思っている。

　読者のなかには、将来、理論で「ワクワク」する人もいるかもしれないし、珍しい道具や工芸品に「ワクワク」するようになるかもしれない。医療に携わるようになった人は患者さんとの出会いで「ワクワク」するかもしれない。でもその前に、最初は「何だこれー？」と思われる世界に、異文化の世界に入っていかなければならない。その「第一歩」を踏み出す一助になろうとしているのが本書なのである。

　だから本書は、他の文化人類学の教科書を読む前にも読んで欲しい。多分、邪魔にはならないと思う。文化人類学の入門書は、「入門書」という名前がついていても結構高度なものもある。本書は「入門書」の期待を裏切らない「やさしい」読み物である。だから安心して最後まで付き合って欲しい。「よろしくお願いします」

2016年3月吉日
渥美一弥

「共感」へのアプローチ
文化人類学の第一歩

目次

まえがき　　　　　　　　　　　　　　　　　　　　　　　　　　1

第1章　文化　なぜ生まれた子供に「奴隷」と名づけるのか？　　7
　第1節　「文化」と"culture"　　　　　　　　　　　　　　　　8
　第2節　文化人類学の2つの研究方法
　　　　　──「通文化比較」と「全体的アプローチ」　　　　　10
　第3節　文化人類学者による「文化」の定義　　　　　　　　11
　第4節　「文化」と言語──「恣意性」　　　　　　　　　　　16
　第5節　言語のルールとその影響力　　　　　　　　　　　　18
　第6節　文化人類学の視点
　　　　　──「自文化中心主義」と「文化相対主義」　　　　20
　第7節　異文化理解のプロセス　　　　　　　　　　　　　　26

第2章　ジェンダー　なぜ「女医」というのに「男医」といわないのか？　　33
　第1節　ジェンダーと「文化」　　　　　　　　　　　　　　34
　第2節　男：女──二項対立としてのジェンダー　　　　　　38
　第3節　二項対立のジェンダーの背景　　　　　　　　　　　45
　第4節　ジェンダーとしての「父親」「母親」　　　　　　　　50

第3章　婚姻　なぜ父親は娘と結婚できないのか？　　57
　第1節　文化人類学における婚姻の捉え方　　　　　　　　　58
　第2節　内婚・外婚・アガミー、インセスト・タブー　　　　60
　第3節　婚姻の形態　　　　　　　　　　　　　　　　　　　70
　第4節　その他の婚姻とその文化的背景　　　　　　　　　　74

第4章　通過儀礼　なぜ「子供」と「大人」を区別するのか？　　79
　第1節　「区切る」ことと「分類する」こと　　　　　　　　80
　第2節　区切ることと分類することと「通過儀礼」　　　　　82
　第3節　役割と社会秩序──通過儀礼を行う理由1　　　　　86

第4節　役割と社会秩序——通過儀礼を行う理由2　　　　88
　　第5節　通過儀礼のプロセス　　　　91
　　第6節　日本の成人式は通過儀礼か？　　　　94

第5章　環境と文化　なぜ「自然」と「人工」を区別するのか？　101
　　第1節　自然は実在するか？——カテゴリーとしての「自然」　102
　　第2節　環境と道具　　　　110
　　第3節　環境と生存戦略としての「機能」　　　　115
　　第4節　環境と生業形態　　　　118

第6章　信仰・信念体系　なぜクリスマスを祝ったあとに初詣に行くのか？　123
　　第1節　「宗教」に対して「いい加減」とは　　　　124
　　第2節　呪術　　　　130
　　第3節　妖術　　　　136
　　第4節　神話　　　　145
　　第5節　日本人は宗教に対していい加減か？　　　　148

第7章　医療と文化　なぜ熱が出て咳をすると「風邪をひいた」というのか？　151
　　第1節　近代医療における「文化」　　　　152
　　第2節　「伝統社会」の医療における「文化」　　　　165
　　第3節　「病い」の語りの多層性　　　　172
　　第4節　「病い」の経験における多層性　　　　177

あとがき　　　　187
事項索引　　　　193
人名索引　　　　194

第 1 章
文化

なぜ生まれた子供に「奴隷」と名づけるのか？

「文化」とは何か？　文化人類学の「考え方」を一緒に学んでいく基盤作りとして、まずは「文化」について考えてみよう。あなたは「文化」という語からどのようなことをイメージするだろうか。「地域」「伝統」「歴史」「言語」「慣習」「宗教」あるいは「文化住宅」「文化的生活」「文化財」などを連想するかもしれない。「文化」に関する言葉は私たちの生活に充ちている。とはいえ、「文化」という語の反対語は何かと尋ねられたら、あなたは答えることができるだろうか。

第1節　「文化」と "culture"

　「文化」の反対語は何か。そう訊かれると、「未開」「野蛮」などと答える人もいるかもしれない。実は、明治以前の日本では、「文化」の反対語で「武化」という語が使われていた。現在の中国では、「武化」という語は「武装化」の意味で使われている。しかし、古代の中国では、「武力、刑罰を用いて人々を治める」という意味で用いられた。そして、「武化」の反対語としての「文化」は、「言葉の持つ力で人々をまとめる」ということを意味した。すなわち、「文化」は人々をまとめる政治的な手法として存在したのである。

　これを裏付けるような事実がある。「科挙(かきょ)」というのは、6世紀末から1300年間行われた中国の官僚登用試験だが、そこで出題されたのは、古代の中国に詠まれた詩歌の名作だったのだ。同じように、奈良時代、平安時代の日本では、「歌」を詠む能力が貴族に求められていた。「言葉の力」で社会をまとめるという戦略は日本社会に古くから用いられ続けてきたのだ。近代に入っても、例えば、明治時代の「富国強兵」、第二次世界大戦中の「産めよ殖せよ国のため」、戦後初期の「所得倍増計画」、高度成長期の「日本列島改造論」、2012年以来の「アベノミクス」など、多くの日本人は「言葉の力」で団結し、踊らされ、それ

ぞれの時代を生き抜いてきたのである。

　一方、英語で、日本語の「文化」に該当する語は"culture"である。フランス語でも culture という。ドイツ語の Kultur も同様である。このように他のヨーロッパの言語に類義語を持つ"culture"はラテン語の colere（耕す）が語源となっている。「農耕・農業」を意味する英語 agriculture の接頭辞 agri は、ラテン語で「大地」を意味する。ゆえに、agriculture は、「大地」を「耕す」という意味になる。このように見ていくと、語源であるラテン語がもっていた「耕す」という意味が英語の"culture"にもあることが分かる。

　それでは、"culture"の反対語は何だろうか。「大地に人間が手を加えない状態」を意味する"nature"（自然）ということになる。"nature"（自然）を人間が生活するのに容易な状態に変えていくのが"culture"の元来意味するところである。ゆえに、西洋的に考えれば、「文化」とは「自然」と対立するものである。ヨーロッパ人は、自然に手を加えず、自然の中で生きる狩猟採集民の生活を「文化」が存在しない段階の生活と解釈したのだった。

　16世紀前半から、アメリカ大陸に侵入してきたヨーロッパ人は、先住民を見て、「怠け者」だと勝手な判断を下した。その理由は、先住民が自然状態を保持し、そこから採集し、狩猟し、食物を得る生活を行っていたからである。北米に移り住んだヨーロッパ人たちが農耕に専心した背景にはこのような状況があった。すでに、ヨーロッパ人の生活のあらゆる面に、「自然」と「文化」を対立させた考え方が広がっていた。ヨーロッパ人たちは、この心的傾向を北米大陸に持込み、強制的に広めていった。

　このように見てくると、文化 = culture と単純に結びつかないことが分かってくるだろう。明治以前の日本語における「文化」は、「言葉の力を用いて社会をまとめる原理」であった。現在でも日本人は、「文化」を「集団をまとめること」と結びつけ

ているようにも見える。一方、ヨーロッパ人の"culture"は、「自然を人間の住みやすいように変えていく行為」ということになる。

　単語の「文化」と"culture"を比較して考えてみたように、異なる「文化」を比較して考え、その「異なり方」を理解していこうとする捉え方こそ「文化人類学的ものの見方」の始まりなのである。

第2節　文化人類学の2つの研究方法
——「通文化比較」と「全体的アプローチ」

　前節において、「文化」と"culture"の二つの異なる背景を知った。それによって、双方の持つ意味がより明確になったのではないだろうか。これに納得してくれる読者は、文化人類学の基礎の基礎を感じ取った人である。なぜなら、今「文化」の一般的意味を説明しながら文化人類学の研究方法の基本にも言及したからである。「文化」の研究の基礎には、「比較することによって『文化』を理解する（通文化比較）」という方法と「全体的に見ることによって『文化』を理解する（全体的アプローチ）」という二つの方法があるのだ。

　まず、「通文化比較」とは何か。それは、ある現象や事物というものは、それと異なったものと比べてみて、はじめて把握できるという事実を基盤とする。例えば、自分の性格が「内向的」であるとか「外交的」であると認識する時、その人は暗黙の裡に他の人と比べているのである。「口数が多い／少ない」「話しが上手い／下手」「頭が良い／悪い」という認識もすべて他の誰かと、もしくは平均的とされる概念との「比較」を通して認識しているのだ。

　このように、ある現象や事実を認識し理解する基盤に「比較」という行為がなされている。同様に、ある「文化」は他の「文化」と比較することによって初めて理解が可能となる。それゆえに文化人類学者は自分の育った「文化」から離れて、異文化に深く入り込み、その中で生活する経験を持たなければならな

い。この体験を「フィールドワーク」という。異なった「文化」の中で生活して、比較することによって初めて異文化理解もはじまるのである。

　もう一つの方法は、「全体的アプローチ」あるいは「総体的アプローチ」と呼ばれている方法である。前述の比較が「文化全体に及んでいる」という点に特徴がある。例えば、アメリカの病院と日本の病院における病室の比較から始めよう。まず、日本の病院には圧倒的に大部屋が多いということが指摘できる。それに対し、アメリカの病室は個室中心である。次に、学校を見てみよう。学校も同様である。アメリカでは、教員の部屋は個室中心であり、日本の学校の職員室は高校までほとんど大きな部屋に先生たちの机が並んでいる。さらに、会社を見てみよう。日本の会社では、ほとんど課や部ごとの大部屋で仕事をする。それに対し、アメリカでは比較的少人数で仕事をして、少しでも役職が与えられれば、個室が用意される。

　これらの比較に加え、日米の医師と患者の人間関係、教員と学生との関係、会社における人間関係、衛生観念の差、信仰体系の違いなど、比較対象を広げていくと、一種の法則性が見つかる可能性が現れる。そして、その法則性を生み出す背景としての「文化」が浮上してくる。「文化」は、その社会全体に目を向けることによって、さらに明確に実態が把握できるようになるのである。

第3節　文化人類学者による「文化」の定義

　以上を踏まえ、文化人類学における「文化」の定義を見ていく。各時代を代表する三人の人類学者による定義を紹介しておこう。はじめに、最も長い間引用され続けている19世紀のイギリスの文化人類学者エドワード・バーネット・タイラー〔Sir Edward Burnett Tylor、1832-1917〕の定義を紹介する。

文化、または文明とは、広い民族誌的観点からいえば、知識、信念、芸術、道徳、法、習俗、その他人間が社会の一員として獲得したすべての能力と習性を含む一つの複雑な全体のことである。
(タイラー 1871:1)

【原文】
Culture and Civilization, taken in its wide ethnographic sense, is that complex whole which includes knowledge, belief, art, morals, law, custom, and any other capabilities and habits acquired by man as a member of society.

　この定義は、長い間使われ続け、現在でも定番となっている。この定義内容に沿って世界各地で博物館が建設され、多様な生活様式が展示されるようになった。しかし、この定義には、現代では問題が無いわけではない。「文化または文明とは」という表現が極めて文化進化論的なのである。「文化進化論」とは19世紀に英米の人類学界で支配的だった理論である。
　その内容は、「文化」はあらゆる人類社会で等しいが、地域により進化の度合いに違いがある。そのなかで、「文化」の最も進化した状態がヨーロッパ文明であるというものである。そのため、タイラーの定義においては「文化」と「文明」を同じカテゴリーに入れている。さらに、現代では常識となっている「文化」を通じて世界を「認識」するという点は、省略されている。これらにより、現代では、この定義が不十分なものとなってしまった。
　一方、20世紀に活躍したアメリカの文化人類学者クリフォード・ギアツ〔Clifford James Geertz 1926-2006〕の定義では、「文化」を「意味の網の目」として把握し、人間が自ら生み出した「意味の体系」という見識に立っている。日常では意識されないが、それによっ

て人間の行動が決定づけられるものとして、より深いレベルでの「文化」を定義している。以下がその定義に当たる部分である。

　文化は人間が自ら紡ぎだした網の目であり、人間はその網の目に支えられた動物である。　　　　　　（ギアツ［1973］）

【原文】
　Man is an animal suspended in webs of significance he himself has spun. I take culture to be those web.

さらに、現代は「文化」の異なり方が集団同士の軋轢を生む可能性のある時代である。「文化」の定義の中に、「文化の異なり方」を主題に置くことが意識される時代になった。そこで、最後に、現代のアメリカの文化人類学の教科書に最も引用されることの多い人類学者ジェイムズ・ピーコック〔James L. Peacock 1937-〕の定義を紹介する。本書はこの定義に沿って文化人類学的事例を考えていく。

　文化とは特定の集団のメンバーによって学習され共有された自明かつ極めて影響力のある認識の仕方と規則の体系である。　　　　　　　　　　　　　　　（ピーコック 1988［1986］:27）

【原文】
　Culture, then, is a name anthropologists give to the taken-for-granted but powerfully influential understandings and codes that are learned and shared by members of a group.

　ピーコックは、「学習され共有された」という表現をタイラーの「獲得した」と近似した意味で用いている。「文化」は本能ではない。後天的に、自分の生まれた社会から与えられるもの

第1章　文化　　13

である。この見解は共通している。ところが、「自明かつ極めて影響力のある認識の仕方」という表現がピーコックの定義を極めて現代的にしている。「自明」というのは、その文化のもとに育った人にとっての「当たり前」という意味である。これはギアツの「意味の網の目」と同じ意味を持っている。さらに、その次の「極めて影響力のある」という部分が重要である。極めて影響力があるということは、ある文化で「当たり前とされている規則」を破ると、感情的な反応、場合によってはそれが「怒り」や「嫌悪」となって現れる可能性を意味している。それを分かりやすくするために、次の問で想定された①〜④の場面に対し、あなたはどのような反応をすると思うか考えてみよう。

(問 1-1)

①あなたは高級フランス料理店で食事をしている。隣のテーブルにある人がやってくる。そして、その人は、出されたフランス料理を手掴みで食べ始めた。

②あなたは見晴らしのよい高台にある公園のベンチに座っている。隣のベンチにある人が現れた。そして、その人は、おにぎりを手掴みで食べている。

③あなたはインドにいる。インド人の友人とインド料理のレストランで楽しく食事をしている。その隣のテーブルにある人がやってくる。そして、その人は、出されたインド料理を右手で、手掴みで食べている。

④あなたはインドにいる。インド人の友人と公園のベンチで話をしている。隣のベンチにある人がやってきてサンドイッチを左手で食べている。その時、インド人の友人はその人に対してどのような反応をすると考えられるだろうか。

多分、あなたは、①の事例では「怪しい、異様な人」だと考えるだろう。②の事例は、ごく自然で、「当たり前」と考えるだろう。では、③の事例は、どうだろうか。①における「怪しい、異様な行為」が、インドではむしろ「当たり前」の行為として受け取られることは多くの日本人が知っている。

　ところが、④の事例は、どうだろうか。日本人でインドの「文化」を知らない人は異様だとは思わないかもしれない。しかし、インド人の友人がどのような反応をするか、あなたは想像することができるだろうか。

　直接手を使って食事を行うのが、インドにおいては「当たり前」である。しかし、使用する手の右と左に関する厳格なルールが存在する。すなわち、右は食事をする手で「清浄」とされているが、左は排泄時に使う「不浄」の手と認識される。その排泄時に用いる手を使って食べるのは汚いとインド人は認識するのである。

　この事例に登場した「ある人」の行為に対し「汚い」「変だ」と反応することが、ピーコックの定義の「極めて影響力のある認識の仕方と規則の体系」という部分を説明している。ピーコックの指摘によれば、「文化」は、ある集団における「当たり前」であり、そのルールに反した行動をとると「感情的な反応を引き起こす」ということである。本書では、この定義にそって「文化」を考えていくことにする。

第4節 「文化」と言語――「恣意性」

次の問を考えてみよう。

(問 1-2)

> ある集団が腕時計を『ちくたっく』と呼ぶことに決めたとする。「あ、僕は、今日『ちくたっく』をつけてくるの忘れちゃった」「君の『ちくたっく』では今何時？」「このスイス製の『ちくたっく』いいね」「新しい『ちくたっく』を買いたいな。Gショックがいいな」などといったらどうだろう。もうすでに、あなたは、『ちくたっく』という言葉と「腕時計というモノ」をむすびつけているのではないだろうか。それは、いったいなぜなのだろうか。

これは、スイスの言語学者ソシュール〔Ferdinand de Saussure, 1857-1913〕が指摘した「言語の意味するものと意味されるもののむすびつきは恣意的である」という理論をもとに作ってみた事例である。ソシュールによれば、言語は意味するもの（シニフィアン）と意味されるもの（シニフィエ）の組み合わせである。言語における「意味するもの」は言語の音声の連なり（この場合『ちくたっく』）であり、「意味されるもの」はそれに対するイメージ（この場合『腕時計というモノ』）である。

ソシュールは、言語の「意味するもの」と「意味されるもの」の関係は「恣意的」であると言った。それは、普遍的、絶対的な決まりなど存在せず、それぞれの集団が思いのままに組み合わせているという意味である。しかしながら、その集団が決めた組み合わせ（この事例の場合『ちくたっく』と『腕時計』のイメージ）が人々の認識に定着すれば、「ちくたっく」と「腕時計」の結びつきが「当たり前」となってしまう。すなわち、集団が、「腕時計」という「シニフィエ」を「シニフィアン」としての「う

でどけい」「a watch」『ちくたっく』と結びつけているのである。それが「恣意的」であるために、集団が異なればその結びつきも異なると言うのである。

　この指摘を前提として、図1-1 を見てみよう。あなたにはこの図が何に見えるだろうか。

（図1-1）

　この図を見て、アヒル（または鳥）に見える可能性が一番高い。しかしながら、アヒルにみえる図のアヒルのくちばしに見える部分を耳と考えて、アヒルにみえる図の右側の線のへこみ、つまり、アヒルの後頭部にある小さなへこみを口として見ると、今度は、ウサギが上を向いている図に見える。
　この図は、オーストリア出身で、イギリスで活躍した哲学者ヴィトゲンシュタイン〔Ludwig Josef Johann Wittgenstein, 1889-1951〕がウサギ＝アヒルの図として、理解の過程の説明に使っている。本書ではこれを異文化理解の過程を理解するのに用いたい。ある「文化」に属する人には、アヒルに見える図が他の「文化」の人々にはウサギに見えることもある、ということである。どちらの見方もできるようになると、アヒルだけに見えていた、あるいは、ウサギだけに見えていた過去にはもう戻れない。こ

れが文化人類学における異文化理解のプロセスを端的に説明していることになる。

第5節　言語のルールとその影響力

以上を踏まえた上で、次の事例を考えてみよう。

(問 1-3)

> 「ある日本人の男がアメリカ留学から帰って来てまもない頃、彼の姉の家で食事をすることがあった。姉の家族はもう食事を終えていて彼だけがまだであった。一人分の食事が「プラスチック製の、縁のついた平な四角い板」の上に載せられて運ばれてきた。彼が早速、その「平な四角い板」の上に載っている食器の中の物を食べ始めると、姉は「行儀が悪い」というのである。その瞬間、彼には何のことを言っているのか理解できなかった。「Aの上に載せてある食器をそのままにして、そこから食べるのは行儀が悪い」と姉はいう。そして彼はようやく気づいた、姉が食事を運んできたものは、Aだったのだ。しかし長い間アメリカの大学の学生食堂で食事をしていた彼は、それをBと解釈していた。学生食堂やカフェテリアで食事を取る場合は一人分の食べ物をすべて食器ごとBに載せ、食器を載せたままテーブルの上に置いて食事をするのだ。そして、その日、彼の姉が使っていたAはいかにも典型的な「日本のA」ではなく、Bとも見えるものだったのである」
>
> この事例のAとBにはどのような語が入るだろうか。そして、この例から「文化」「言語」のどのような性質が理解できるだろうか。

あなたはAとBに何という語を入れただろうか。本書の用意した答えでは、Aは「お盆」で、Bは「トレー (tray)」である。英和辞典で調べてみれば「お盆」は、"tray"とでている。だが、「お盆」と「トレー」はまったく同じ物を意味しているのだろうか。

お盆は、食器に盛られた食べ物を運ぶ物である。だから、その上に食器を置いたまま食べるのは、ルールに違反している。一方、トレーは、食べ物を運ぶものでもあり、その上に食器を置いたまま、そこで食べることが期待されている。見かけはよくないが、それにより、そこに飲み物などをこぼしてもテーブルが汚れない点で合理的である。

最近の日本人の若者は「お盆」のルールを知らない人が多い。あなたは、日本式の旅館に行った時、仲居さんがお盆に載せて運んできた食べ物をお盆に載せたままで直接食べるだろうか。それは、ルール違反である。

それに対し、トレーのルールはよく知られている。ファーストフードのハンバーガーショップでトレーの上にハンバーガーやドリンクが載せられる。それを手渡された人のほとんどは、そのままテーブルに持っていってトレーに載せたまま、そこから取って食べる。いちいちハンバーガーやドリンク類をテーブルの上に置き直すほうが異様だろう。

先ほどのウサギ＝アヒルの図を用いて、この状況を考えてみよう。ある集団があるモノをウサギと決めたとする。しかしながら、他の集団は同じモノをアヒルと決めるということはありえる。重要な点は、自分が見ている現象は、自分の「文化」という自明のルールを通して見ているという自覚である。この自覚があれば、他の見方（他の文化）の可能性を常に意識し、他の文化との「違い」に寛容になるはずである。

これもソシュールの「言語の意味するものと意味されるもののむすびつきは恣意的である」という指摘をもとに理解できる。この場合の、食べ物を載せた「プラスチック製の、縁のついた平な四角い板」を「お盆」と呼ぶことに決めた集団もあれば、"tray"と呼ぶことに決めた集団もあるわけである。

まったく同じモノを異なる呼び方で呼ぶのは言語のルールで理解できた。ここではさらに、そのモノの扱い方も集団が決め

るということも理解しておこう。そのモノをどのように扱うかということも集団によって恣意的に決められているのである。異文化のルールを知らない場合、自分の「文化」のルールが絶対で、それと異なったものは、ルール違反だと考える意識が働いてしまう。

この「ある日本人の男」は、アメリカでの生活が長かったので、「プラスチック製の、縁のついた平な板」(＝tray)に食器を載せたまま食べるのが当たり前だと「アメリカ式」に認識していた。しかし、彼の姉は「プラスチック製の、縁のついた平な板」(＝お盆)から食器をテーブルに移すことが当たり前だと「日本式」に認識していたので、同じ日本人である弟の行為を「行儀が悪い」と判断したのである。

第6節　文化人類学の視点
　　　　——「自文化中心主義」と「文化相対主義」

異文化の行為に判断を下すのに、自分のものの見方を絶対の基準にすることがよくある。アメリカ大陸に侵入したヨーロッパ人が持つ先住民に対する意識がその例である。「自分たちと異なった文化は劣っている」という意識だ。自分の文化を絶対の基準として異文化の現象を判断することを「自文化中心主義」(ethnocentrism エスノセントリズム) という。一見これは異文化理解からは程遠い状態のように思われる。

しかし、本書では、異なった文化に接した時、それを「変だ」「汚い」「遅れている」「行儀が悪い」などと感じることを否定したり、隠すべきではないと考える。むしろその感情を異文化理解の契機にすべきだと考える。異文化に接し、それに対する否定的な感情が湧いてきた時、「それはなぜなのか」「なぜ彼らはそのようなことをするのか」と考え、「自分はなぜ彼らの文化を変だと思っているのか」と自問する契機とすればよいのである。

むしろ、異文化に対するはじめの否定的な気持をそのまま放置して、それに疑問を持たないことの方が問題である。真の自文化中心主義とは異文化に対する「無関心」のことである。筆者の講義を受講した学生の中にも「文化相対主義はもう分かっている」という学生がいた。「文化は違うのが当たり前。それでいいじゃないの、という認識は誰でも持っている」という。一見それは、異文化に対して寛容そうに見える。しかし、本書で言う「文化相対主義」は、「他の文化は私たちの文化とちがう。それは当たり前。それでいいじゃないの」という意識とは少し異なる。

　異文化を「異なったもの」という前提に対し、「それでいいんじゃないの」という一見寛容そうに見える意識には、異文化に対する「無関心」と自文化に対する「閉鎖性」が存在する場合がある。それは「どうせ『文化』は異なっているもの。ほんとうに理解できるわけがない」という諦観が隠されていることがあるからだ。そして、他者に対して一見寛容にも見える態度をとる者の一部には、この類の閉鎖性を抱えている場合が往々にしてあるからである。「異文化は異なっているのが当然」と言って、そこで思考停止してしまい、異文化を理解することをやめてしまうのは、結局のところ単なる自文化中心主義である。

　それに対し、筆者の強調したい「文化相対主義」は、異文化と自文化を等しい距離から見つめ、異文化を理解しようという姿勢である。これには2つの基本姿勢がある。

　第一には、全ての文化は優劣で比べるものではなく対等であり、ある社会の文化の洗練度合はその外部の社会の尺度によって測ることはできないとする倫理的な態度である。

　第二には、自文化の枠組みを絶対とせず、相対化して、その相手側の価値観を理解する。異文化の枠組みに対してその文化、社会のありのままの姿をよりよく理解する。自文化を異文化の視点からも見られることを目指す。さらには、それらを可能に

する認識論的、方法論的態度をいう。

　それでは、本書でいう、認識論的、方法論的態度としての文化相対主義とは何か。簡単にいうと、「『文化』に対する途絶えることのない好奇心」だ。繰り返すが、異文化に接した時、はじめは、「変だ」「汚い」「遅れている」と否定的に思ってしまうのは仕方のないことである。しかし、同時に、「なぜ変なのだろう」と問い続ける習慣を身に着ける必要がある。その習慣は、異文化を理解しようとする意識の「身体化」ともいえる。

　そして、「なぜ異文化を変だと私は考えるのか」「なぜ私は、自分の文化を当たり前と考えているのか」と問い続けることにより、自文化に対する自分の意識も相対化が可能になるかもしれない。本書でいう認識論的「文化相対主義」とは、異文化を「変だ」と考える自身の態度に対しても「どうして？」と問い続けることである。

　「言語」の意味するものと意味されるものの関係が恣意的であるということから、「シンボル」の意味するものと意味されるものの結びつきも恣意的であるということに話を進めよう。まず、「シンボル」とは何だろうか。ここでは、例えば、「ハトは平和を表す」といった場合の「ハト」と「平和」の関係のように、全く異なるものが結び付けられた関係にある状態をシンボルの関係としておく。そこで、次の問を考えてみよう。

(問 1-4)

> 　ある男が近くの神社でハトを捕まえ、家に持ち帰り、焼いて食べていた。このことにあなたはどのような反応をするか。また、中国料理、フランス料理のなかにハトの料理が存在する、ということに対しどのように感じるか。そして、そこからどのような事実が理解できるだろうか。

この例の「ある男」がどこの「文化」の人かが問題だ。日本人であったら当然「変な人」ということになるであろう。ところが、他の「文化」の人であったらどうだろう。「ハト」と「平和」はどこの文化でも普遍的に結びついているわけではない。むしろ、ハトを食用として考える集団は多数存在する。例えば、中国、トルコ、そしてフランス料理にもハトは登場する。この例からも「シンボルの意味するものと意味されるものの関係も恣意的である」ということが言えそうである。

　しかしながら、「そのモノを食べることと、それを平和のシンボルとすることは別だ」という人もいるかもしれない。けれども、特別な儀礼でもないかぎり、ある集団が自らの集団における平和のシンボルを食べたいと思うことはめったにない。仮に「ニワトリ」を平和のシンボルと考える集団があったとしたら、焼き鳥や唐揚げを大好物とする日本人をどのように思うと想像できるだろうか。ここで、シンボルに関してもう少し掘り下げて次の問を考えてみよう。

(問 1-5)

> 「踏み絵」「印籠」「菊」をシンボルとして捉えた場合に共通するものとして何が考えられるか。日本の江戸時代にどのようなシンボルとして存在したか考えてみよう。

　共通するものとして、「シンボルの強い影響力」「シンボルと政治権力」などを思いついた読者は鋭い。順番に考えていこう。
　まず、「踏み絵」は江戸幕府が当時禁止していたキリスト教の信者を発見するために使用した、イエス・キリストや聖母マリアが彫られた木製あるいは金属製の板である。江戸幕府は、1612年（慶長17年）徳川家康によるキリシタン禁令、1619年（元和5年）徳川秀忠によるキリシタン禁令の高札設置などの度重な

るキリスト教の禁止を経て、1629年（寛永6年）に踏み絵を導入する。

　これはキリスト教の信者であったら踏むことなどできない極めて影響力の強いシンボルであり、踏まないことによって命を落とすことも厭わないかもしれない。ところが、信者でない人にとってはほとんど意味をもたない。この認識の仕方の違いを「文化」に置き換えてみれば「極めて影響力のある」という定義の意味が分かってくる。

　つづいて、「印籠」である。江戸時代末期、印籠とは、旅をする時に薬を入れ腰に下げて持ち歩いた小さな容器である。いわば旅行用の携帯薬箱に過ぎない。たまたま水戸黄門の印籠には徳川の家紋である葵の御紋が描かれていたのである。これを見るとどんな悪人でも「ははー」と言って恐れ入る。これも異文化の人には何を意味するのか分からない。その家紋の背景にある意味を知っている集団内だけの威力である。

　最後に「菊」であるが、これは天皇家の家紋である。いわゆる「菊の御紋」であり、江戸時代末期にはこの菊の紋の旗を持っている集団が「正当」な人々であった。どんなに腕の立つ武士でもこの紋の描かれた旗を持つ集団に反旗を翻すことや、斬りかかることなどできなかったのである。しかし、それを知らない異文化に暮らす部外者にとって菊は単なる花であり、天皇家の家紋は単なるデザインに見えるかもしれない。

　以上の例として述べてきた「踏み絵」「印籠」「菊」は、一定の集団の中で、その意味が共有されるシンボルとなってはじめて強力に人々の行動や感情に影響をあたえるのである。

次の問を考えてみよう。

(問 1-6)

> あなたは、ある外国にいる。そこで、紹介された人と握手をしようとして手を出した。あなたとその人は笑顔で握手を交わす。その後突然、その相手の人は、笑顔であなたの手の甲にペッとつばをはいた。その時、あなたはどのような反応をするだろうか。

　ほとんどの人は不愉快に感じると想像できる。すぐに怒りが込み上げてくる人もいるかもしれない。「いろいろな文化があるからいいのではないか」と、ここでも寛容に言える人は、ある意味立派な人である。日本人にとっては相手の掌であれ甲であれ、相手にむかってつばを吐きかけることは「敵意」を表す。あなたは、悪党の親玉にだまされて縛り付けられた主人公がその悪党の親玉に向ってつばを吐きかけるシーンを映画で見たことがあるかもしれない。筆者は、中国、韓国、アメリカ、ヨーロッパの映画でも同じような場面を見たことがある。彼らも人に向ってつばを吐きかけることを同じように解釈しているのだろう。ところが、東アフリカのキクユ族にとって、相手の掌につばをはきかけることは「挨拶」である。つばをはきかけることが「祝福」を意味するとされているのである。

　この状況にソシュールの指摘を応用すると、文化によって「ある行為」と「その解釈」が恣意的だということができるだろう。「つばを吐きかける」という行為が文化によって、「敵意」と結び付けられたり、「祝福」と結び付けられたりする可能性があるのだ。文化人類学に応用すれば、ソシュールのいう「言語の意味するものと意味されるものの恣意的関係」が、「行為」と「解釈」の関係の恣意性も説明できることになる。これは、前述の文化相対主義の自明性を証明している。「行為」と「解釈」の

関係は文化によって多様であり、絶対の基準などないのである。

第7節　異文化理解のプロセス

次の問を考えてみよう。

(問 1-7)

> ある若い日本人の夫婦が自分の子供に「悪魔」と名付けようとして地元の役所に届けようとしたが拒否されたことがある。ここからどのようなことが分かるだろうか。文化人類学者川田順造によると西アフリカのモシ族の名前の付けかたで「男の子なのに『女の子』と名付けられたり、『奴隷』や『人間じゃない』などの名前が付けられたりしている」(川田 1992 [1988] :104-105) という。モシ族の立場に立って(想像上の「全体的アプローチ」を使って)その名前の付け方の理由を考えてみよう。

まず、悪魔と名付けられた子供は日本の学校でどのように扱われるだろうか。いじめられる可能性はかなり高い。それは、日本では子供に付けるにはふさわしくない「変な名前」とされているからである。「悪魔」という名前を子供につけることは日本人によって「共有される自明かつきわめて影響力のある認識の仕方」によれば「異常」なこと解釈される傾向にある。ほとんどの日本人は自分の子供の名前は肯定的な意味を持つ字をいれて子どもに夢を託す。それが一般的な親の愛情の自明な表現方法である。現代の日本人にとって、子供に否定的なイメージの名前をつける親から子供に対する愛情を感じとることは難しい。そして、「子どもに可哀想だ」ということになる。

この意識を持って、モシ族の名前を聞くと、モシ族は「変な人たち」だと思ってしまうかもしれない。「女の子」という名前が付いている男の子と、「男の子」という名前が付いている女の子は、日本では奇異の目で見られるに違いない。「奴隷ちゃ

ん」と呼ばれたいと考える日本人はいるだろうか。「人間じゃない君」というのはどうだろう。そう呼ばれたいと思う人はいるだろうか。

　それでは、モシ族は本当に変な人たちなのだろうか。いや決してそうではなさそうだ。では、なぜモシ族は日本人から見ると変な名前を子供に付けるのか考えてみよう。「全体的アプローチ」を使うということは、彼らと生活をともにして名前の付けかた以外のことにも目を向けて徹底的に調べてみることである。行ったこともなく会ったこともない彼らのことを、産業化された日本に生きている私たちが想像するのは大変だが、ともかく考えてみよう。

　まず、生まれた子供は、そのまま育つということを「当たり前」のことだとしている現在の日本の常識を疑おう。WHOの2013年の報告によれば、日本の新生児の死亡率は1000分の1である。これは、医療や栄養状態、衛生環境が整備されていない社会では、必ずしも「当たり前」ではないのだ。生まれた子供が無事に育つことを「当たり前」とするのは、かなり幸運な社会の常識なのである。

　アフリカでは多くの子供たちが生まれて一年未満で亡くなってしまうことがよくある。アフリカでは、子供が産まれた時、このような悲劇の可能性を想定するほうがむしろ常識なのである。ましてや、川田順造〔1934-〕がモシ族の調査を行ったのは1960年代だった。死亡率は現在よりもずっと高かったはずである。

　子供が死んでしまった場合、何が子供の死の原因なのだろうか。私たちは、栄養状態や衛生状態の悪さ、疾病等を挙げるだろう。だが、モシ族は違う。彼らは精霊が子供を連れて行ってしまうのだという。例えば、ある夫婦に男の子が生まれたとしよう。その子供がまもなく死んでしまったとする。夫婦は嘆き悲しむだろう。やがて、次にもまた男の子が生まれたとしよう。

この夫婦は、精霊が彼らの日常生活で発する声を聞いていると考えているとしよう。彼らは、精霊をだますために、その男の赤ちゃんに「女の子」と名づけ、「女の子」「女の子」と精霊に聞こえるように呼ぶ。
　それでもまた、その子も死んでしまったとしよう。その夫婦は、その次に生まれた子供は男の子でも女の子でも、自分たちの子供だと分かったらまた精霊が連れて行ってしまうと考える。農耕民は戦争をすると、負けた部族が勝った部族の奴隷となることがよくある。そのため、奴隷とは他部族の者、自分たちとは血縁関係にない者を意味する。そこで、今度の赤ん坊は自分たちの子ではないと精霊に思わせるために、その子に「奴隷」と名づけるのだ。
　しかし、さらに、その子も死んでしまったらどうだろう。その夫婦と血縁関係にない「奴隷」と名付けても連れて行かれてしまうと二人は怯える。彼らは、なぜまた子供が連れていかれたのかと考える。そして、次に生まれた子供の名前は、「奴隷」だとしても人間だと分かったら連れて行かれてしまうという恐れから、この子は「人間じゃない」と名づけて、その名を呼んで精霊を欺こうとするのだ。
　この夫婦の一連の名付けは何を基盤としているのだろう。それは、生まれた子供を精霊から守ろうとする「親の愛情」と私たち日本人が考える感情に極めて酷似した感情があると見て取れるのではないか。事実、日本においても、幼児の死亡率が高かった戦国時代、どうしても跡継ぎが欲しかった豊臣秀吉の第一子の名前は「捨松」、第二子の名前は「お拾い」であった。

　これが、一つの「解釈」というものである。この解釈のプロセスをもう一度たどってみよう。

　「悪魔なんていう名前を付けるなんて非常識だ」「子供を愛

しているなら肯定的な意味を持つ名前をつけるのが常識だ」という「当たり前」を共有する社会からみると、以下のような認識のプロセスが一例として考えられる。

　「モシ族は、変な人たち」に見えた。
　　　　↓
　彼らと生活をともにする。彼らの社会の衛生事情を知る。
　　　　↓
　生まれた子供が必ずしもそのまま育つわけではない。むしろ、生まれてまもなく死んでしまう子供が多い、ということを知る。
　　　　↓
　彼らは「誰かが死ぬというのは、その人を精霊が連れていってしまうからだ」と考えているらしいと推測できるようになる。
　　　　↓
　精霊は、モシ族が話すことを聞いているらしいとモシ族の人々が考えていると推測できるようになる。
　　　　↓
　精霊に連れて行かれないような名前を付ける、と推測できるようになる。
　　　　↓
　　　　なぜだ？
　　　　↓
　精霊から子供を守りたいからだ。

　このように、はじめは変に見えていた人々の行動が最後には納得できるようになる可能性がある。その根底には、「親の愛情」と日本文化では解釈する感情に類似したものが二つの文化に共通して存在している可能性があると指摘できるかもしれない。

文化相対主義を観念的に捉えれば、「他の文化はわれわれと違う」ということを知るだけである。しかし文化相対主義を認識論的に捉えて、異文化の状況に対し「なぜ？」と疑問をいだいて考察を進めていくことによって、「異文化の視点・他者の視点」に近づき、異文化理解を深めていくことができる可能性が生まれてくるのである。

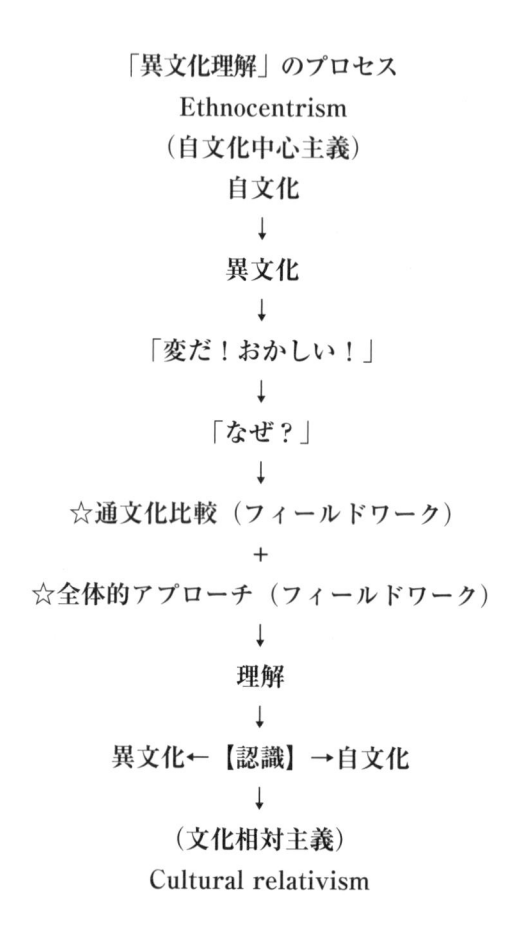

「異文化理解」のプロセス
Ethnocentrism
（自文化中心主義）
自文化
↓
異文化
↓
「変だ！おかしい！」
↓
「なぜ？」
↓
☆通文化比較（フィールドワーク）
＋
☆全体的アプローチ（フィールドワーク）
↓
理解
↓
異文化←【認識】→自文化
↓
（文化相対主義）
Cultural relativism

【参考文献】

ヴィトゲンシュタイン、ルートヴィヒ『哲学探究』丘沢静也［訳］岩波書店 2013 年

川田順造『聲』筑摩書房 1988 年

ギアツ、クリフォード『文化の解釈学 I』吉田禎吾他［訳］岩波書店 1987 年［原著 Geertz, Clifford. "Thick Description: Toward an Interpretive Theory of Culture" In *The Interpretation of Cultures: Selected Essays*.（New York: Basic Books, 1973）3-30.］

ソシュール、フェルディナン・ド『一般言語学講義』小林英夫［訳］岩波書店 1972 年

タイラー、エドワード・バーネット『原始文化』比屋根安定［訳］誠信書房 1962 年［原著 Tylor, Edward Burnett, Chapter 1.of *"Primitive Culture"*（London: John Murray & Co.,1871, 2 vols.）pp.1-25.］

ピーコック、ジェイムズ・L『人類学と人類学者』今福龍太［訳］岩波書店 1988 年［原著 Peacock, James L. *"The Anthropological Lens: Harsh Light, Soft Focus"* Cambridge University Press, 1987］

第 2 章

ジェンダー

なぜ「女医」というのに
「男医」といわないのか？

前章では、「文化」について学んだ。簡単にいえば「文化」とはその集団の成員に共有された絶対に正しいと信じ込んでいる「決まりごと」ということを理解したはずである。そして、その「決まりごと」は「恣意的」であるということも知った。「恣意的」であるために、絶対にこれが正しいという「決まりごと」などないと納得できただろうか。第1章で学んだことを土台に、第2章からは具体的に「文化」の内容を項目別に考えていきたい。本章では、ジェンダー（社会文化的性差）についてとりあげる。

第1節　ジェンダーと「文化」

　古くからある次の問を考えていくことからはじめよう。

(問 2-1)
> 　ある少年が怪我をした。それを知った父親が救急車を呼んだ。救急車がやってきて、その父親と少年を乗せて病院へ運んだ。病院に運ばれた少年を見て、救急担当の医師が驚いて言った。「この子は私の息子です」。このことからこの少年と担当医の関係は何か分かるだろうか。

　これは今では多くの人が知っている話だと思われる。答えを知っている読者も多いと思う。大学の講義で、この問題の答えを知らない学生に聞くと、担当医が、「実の父親」、「医師が少年の母親の不倫相手だった」などの答えが返ってくる。「父親」が救急車で少年と一緒に乗っていたのだから、この少年のもう一方の親、すなわち担当医は「母親」だった、というのが（ジェンダーに対して柔軟な姿勢を持った）「正解」ということになる。
　担当医を「男性」として決め込んでしまう人が多いのは、日本語の「医師」という語に、暗黙のうちに「男性」であることが自明のこととして忍び込んでいるからである。英語の doctor

を使って同じような問を作っても同じような結果になることを、アメリカ合衆国とカナダで、筆者は経験している。「医師」という語に「男性」ということが暗黙の了解事項として結びついているのである。これを言語学や記号学の用語を用いれば、「無徴」という。女性で「医師」である場合、特別に印がつけられているということで「有徴」という。

「男：女」という二項対立はあるが、「女医」という言葉があるのに対して「男医」という言葉はない。「医師」という語に「男性性」が含まれているからである。同じように、「女性弁護士」という語はしばしば使われるが、「男性弁護士」とは通常言わない。これが暗黙のうちに日本語に隠された、男はこうあるべき、女はこうあるべきといった男女の社会・文化的イメージである。本書ではこれをジェンダーと呼ぶことにする。以上を踏まえて、次の問を考えてみよう。

(問 2-2-1)

> あなたは、保育園で保育師の助手のアルバイトをしている。そこで、あなたの担当の保育師は「男の子と女の子を別々の部屋に分けて」と言って、用事があるらしく、その場からいなくなってしまった。あなたはひとり残されてしまったが与えられた仕事をしなければならない。「1号室」と「2号室」と書かれた部屋が目の前にあるが、あなたはどちらの部屋に男の子と女の子を分けて入れるだろうか。

1と2という数字に男の子と女の子を分ける根拠があるだろうか。どちらでもよいと思えるのだが、男女平等が叫ばれている今日の日本でも、1号室に男の子、2号室に女の子が選ばれる可能性が高い。「男女」という日本語の語にも「男」の方が先に書かれている。そこで、「男子の方が先」と考える人がいるのだろう。日本の天皇陛下は皇后陛下よりも先に車から降り

第2章 ジェンダー　35

ることが日本人にとって「当たり前」である。両陛下が他の乗り物に乗る時もそうであろう。

　ただ、1と2という数字や順番と男女を結びつける根拠はさほど強くはないと現在の日本人の多くは考えるのではないだろうか。そこで、続く次の問を考えてみよう。

(問 2-2-2)
> 　さて、1号室の中に入って、よく見てみると、壁紙がピンクである。そして人形が棚に並んでいる。2号室の中に入ると、壁紙がブルーである。そして、おもちゃのロボットが棚に並んでいる。これらのことに気づいた後、あなたは最初に、例えば1号室に男の子を入れたとしたら、そのままにしておくだろうか。それとも2号室に入れ替えるだろうか。そして、それはなぜなのか。その理由を具体的に説明できるだろうか。

　おそらくほとんどの人が1号室に女の子を入れ、2号室に男の子を入れると考えるのではないだろうか。それは、なぜか。現在の日本では、男女を区分けするのに1、2、という順序を暗示する数字よりも色の影響力のほうが大きいと考えられるからであろう。

　ここに「文化」が横たわっているのである。この場合、日本では、ピンクとブルーを性別で分けたら、「ピンクが女性」「ブルーが男性」とほぼ自動的に2つに分類（二項対立）してしまうのである。デパートやホテルでは、背広を着て立っている男性の形をした黒やブルーのマークが男性用のトイレの入口に掲示してある。女性用のトイレの入口には、スカートをはいて立っている女性の形をした赤やピンクのマークが掲示してある。なぜ男性がブルーで女性がピンクなのかという説明などない。誰でもすぐに了解する「当たり前」なのである。これがピーコックの「文化」の定義の中に出てきた「自明」ということである。

また、「人形は女の子」に、「ロボットは男の子」に、ほぼ自動的に結びつけられている。しかし、これも、「文化」の章で述べたように、その組み合わせは恣意的である。ということは、これらを組み合わせる「暗黙のルール」こそ「文化」なのである。男女別に他のシンボルと結びつけた関係が「当たり前」として社会に埋め込まれている。

　その結びつきも文化的に「決められた」ものである。さらに、「文化」は、「男はこうあるべきだ」「女はこうあるべきだ」という行動規範や心理にまで影響を与えている。そして、私たちは、世界中どこでもみな同じように「分類」していると想像する傾向にある。

　「文化」によって「分類」され、「文化」のなかに埋め込まれた男女の性差を対立した二項目と考えると、それが、他のシンボルにおける二項目の「分類」に置き換えられる。問2-2の説明を二項対立に「分類」してシンボルとの関係に分けてみると以下のようになる。

男：女
↓
ブルー：ピンク
↓
ロボット：人形

　これが、私たちが無意識に識別したルールである。「男：女」が自動的に「ブルー：ピンク」、さらに「ロボット：人形」に置き換えられていくわけである。文化的につくられ、共有された性差のイメージは、厳密さや強弱の度合いはあるとしても、それに反すると「男のくせに」や「女のくせに」という反応を起こす可能性が出てくる。そうすると、これも「極めて影響力のある認識の仕方と規則の体系」ということの一例として理解

できる。

第2節　男：女——二項対立としてのジェンダー

次の問を考えてみよう。

(問 2-3)

> ある女子校で先生が生徒たちに「明日全員ズボンをはいてきてください」と言った。その時、生徒たちは、どのような反応をすると思うか。また、ある男子校で先生が生徒たちに「明日全員スカートをはいてきてください」と言った場合、生徒たちはどのように反応すると思うか。反応に違いがあるとしたら、その違いは何だろうか。

日本においては、女子校の例は、「明日は、大掃除か、何か活動的なことをやるのかな」という程度の解釈で大した抵抗もないだろう。だが、男子校でスカートをはいてこいというのは、相当の抵抗があろうことは想像がつく。では、女性がズボンをはいてもおかしくないのに、男性がスカートをはくことはなぜおかしいのだろうか。そして、それは、どのような場合でも同じことなのだろうか。

ここで、前述の「有徴」と「無徴」という概念を用いて考えよう。日本語では、「茶」といえば緑茶のことで、紅茶を「茶」と省略することはできない。これは日本では緑茶が「茶」を自明のこととして捉えているからだ。これを無徴という。日本において、緑茶は無徴であり、紅茶は有徴なのである。

同様に、日本で「フットボール」といえば、「サッカー」「ラグビー」の総称であり、アメリカで行われている特殊なものを和製英語で「アメリカン・フットボール」と言う。これは「アメリカン・フットボール」が有徴として、特別なものと考えら

れているからである。ところがアメリカでは「フットボール」といえば、日本で言うアメリカン・フットボールの意味になり、通常、サッカーやラグビーを意味すると意識されない。それは、アメリカでは、いわゆるアメリカン・フットボールが「フットボール」として無徴となっているからである。

　男性優位の社会では、男であることは「無徴」、女であることは「有徴」である。「紅一点（こういってん）」という言葉はあるが、その対義語はない。前述のように、「女医」「女性弁護士」という言葉はあるが、「男医」「男性弁護士」という言葉はない。これを衣類で考えてみると、男性を連想させるズボン（今風の言い方をすれば、平坦に発音する「パンツ」。「パ」を強く発音すると「下着のパンツ」になってしまう）は衣類の性別分類を越えて無徴であり、女性を連想させるスカートは女性に特別に対応していて有徴である。そうすると、日本においては、女性がズボン（例えば、ジーンズ）をはくことはおかしくないが男性がスカートをはくことはおかしいということになる。

　ところが、前述の反応と正反対の反応が考えられる状況もそれぞれ考えることができる。もし、この女子校生が全員チアリーダーで明日どこかに応援に行くことになっているとしたらどうだろうか。相当抵抗にあう可能性が十分ある。なぜなら、ユニフォームがスカートの代わりにズボンになったら、華麗な応援をするチアリーダーが地味なものになって、イメージが変わってしまうからだ。

　また、男子とスカートの例は、この男子校がスコットランドにあり、次の日にホグマネイがあるとすればどうであろう。ホグマネイとは大晦日に行われるスコットランドの伝統的祝いである。伝統的、形式的にはその時の男子の正装は、キルトとよばれる「スカート」である。とすれば、「スカート」をはいてくるのが「当たり前」ということになる。

　また、ニュージーランドのマオリやポリネシア、ミクロネシ

アの男性の戦いの衣装は腰蓑(こしみの)のような「スカート」の形をしたものである。ギリシア、ローマ時代の衣服ローブも一種のロングスカートに分類することも可能である。このように見てくると「スカート」はどの「文化」でも女性の有徴化された衣服では必ずしもないことが分かる。

では、なぜ前述のような反応が起きるのだろう。それは、そのような反応を引き起こす基盤に社会・文化的に作られた男女のイメージが共有されているからではないだろうか。

そこで、他の「文化」における男女の二項対立をその「文化」における他のシンボルと置き換えていきながら次の問を考えてみよう。男女の二項対立を図式化して考えてみよう。

(問2-4) 以下の文を読んで、その内容をもとに次の( )に適当な語を入れて、内容に沿った男女の二項対立を考えてみよう。

アフリカのタンガニーカのカグル族では、男と女の対立は、右／左、強／弱、清浄／不浄という対立に結び付けられている。スーダンのヌアー族では右手が男の力、男性的なもの、善、父系親族を表わし、左手は女性的なもの、邪悪を表わすとされる。また南米コロンビアのデサナ族では、右側および右手は幸運、保護、男性性、冷たさ、権力を意味し、左側および左手は不幸、無防備、女性性、熱、服従を意味するという。さらには、インドネシアのバリ島においては、山の側と海の側という方位の対立が上流／下流、男／女、吉／不吉、昼／夜、聖／邪、生／死と結びついているという。　　（吉田 1975:229-231、清水 1954:55）。

---

①アフリカ、タンガニーカのカグル族の文化における「男：女」
　　　　　男：女
　　　　　　↓
　　　（　　　）：（　　　）

↓
(　　　):(　　　)

②アフリカ、スーダンのヌアー族「男：女」
男：女
↓
(　　　):(　　　)
↓
(　　　):(　　　)

③南米コロンビアのデサナ族の「男：女」
男：女
↓
(　　　):(　　　)
↓
(　　　):(　　　)
↓
(　　　):(　　　)
↓
(　　　):(　　　)

④インドネシアのバリ島の「男：女」
男：女
↓
(　　　):(　　　)
↓
(　　　):(　　　)
↓
(　　　):(　　　)
↓

          (   ) : (   )
             ↓
          (   ) : (   )
             ↓
          (   ) : (   )

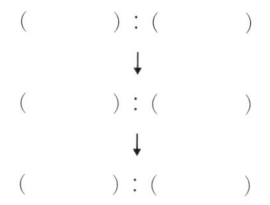

(問 2-4 答えの例)

 答えの例は以下である。この関係に何らかの共通する法則があるだろうか。あるとすれば、それは、具体的にどのようなものか。

 ①アフリカ、タンガニーカのカグル族の文化における「男：女」
          男：女
           ↓
          右：左
           ↓
          強：弱

 ②アフリカ、スーダンのヌアー族「男：女」
          男：女
           ↓
         右手：左手
           ↓
          善：悪

 ③南米コロンビアのデサナ族の「男：女」
          男：女
           ↓
          右：左
           ↓

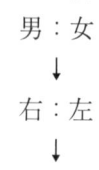

幸運：不幸
↓
保護：無防備
↓
権力：服従

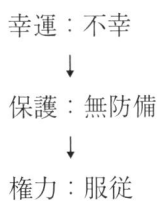

④インドネシアのバリ島の「男：女」
男：女
↓
山の側：海の側
↓
上流：下流
↓
吉：不吉
↓
昼：夜
↓
聖：邪
↓
生：死

　あなたは、どのように考えただろうか。以上の二項対立をみていくと、この4つの社会に共通するのは、男が「肯定的なシンボル」に結び付けられ、女が「否定的なシンボル」に結びつけられていると見えてくることである。
　このことは、一般的に、性差にもとづく差別や抑圧が最も少ないといわれている狩猟採集社会にもあてはまる。ここで、もう少し二項対立の図式に慣れるために次の問を考えてみよう。

(問 2-5) 以下の文を読んで、その内容をもとに次の（ ）に適当な語を入れて、内容に沿った二項対立を完成させよう。

> 狩猟採集社会では、男女の分業は、通常、はっきり区別されている。採集活動は女性と結びつき、狩猟活動は男性と結びつく。女性は植物性食物を採集する。その量は家族が年間に獲得する食料の 8 割から 9 割に達する。そのために、それらは、基本的には、各家族を支える主食である。それに対し、男性が行う狩猟によって獲得される動物の肉は、貴重品である。それが、狩猟のために複数のファミリー集団が一緒に暮らすキャンプ全体に、平等に分配される。その行為を通じキャンプ内の他の集団やファミリーとの結びつきを強くするわけである。すなわち、男は、肉が取れた特別の期間に他の集団との関わりを担い、女は家庭内の日常生活の要となるわけである。

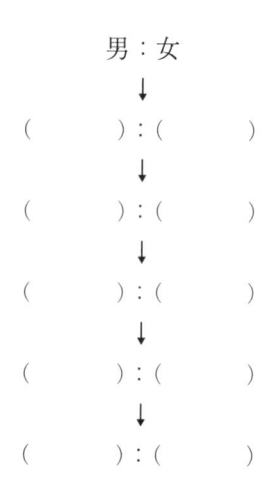

男：女
↓
（　　）：（　　）
↓
（　　）：（　　）
↓
（　　）：（　　）
↓
（　　）：（　　）
↓
（　　）：（　　）

(問 2-5 答えの例)
　答えの例は、以下である。

男：女
↓
狩猟：採集
↓
動物の肉：植物性食物
↓
貴重品：日常品
↓
他集団との結びつき：各家族内の結びつき
↓
社会的：家庭的

第3節　二項対立のジェンダーの背景

　このような現象の説明として、人類学者シェリー・オートナー〔Sherry Beth Ortner, 1941-〕は、男性が「文化」と結び付けられ、女性が「自然」と結びつけられている背景があり、「自然」が「文化」に対して低く位置づけられているからだ、と説明する。さらに、人類学者ミシェル・ロザルド〔Michelle Zimbalist Rosaldo, 1944-1981〕は、女性が「家庭内志向」と男性が「公的志向」と結びつくという。そして、女性が行う出産・育児という「家庭内」の活動よりも、男性の行う公的活動のほうが価値あるものだとされていると指摘している。しかし、彼女たちの見解に対し、「自然」：「文化」という対立も、「家庭内志向」：「公的志向」という対立も、それ自体「西洋の文化的基準」で捉えた判断に過ぎず、それだけですべての社会を見ていけるわけではないという意見もある。

　この「男：女→上：下」の構図とまったく正反対の事例がある。須藤健一によって調査されたミクロネシアのサタワル島の例を見てみよう。

（問 2-6）以下の事例を読んでどのようなことが言えるか考えてみよう。

> 結婚後、婿は、嫁のブウコス（屋敷）で生活する人々のために食料獲得の仕事に従事する。婿は、働くために「飛んできた男」と呼ばれる。結婚2～3ヵ月もすると、婿の両親は彼に小区画のタロイモ田とココヤシ林を分け与える。それらは、「彼の食べ物を得る」ための土地である。この贈与がないと婿は、嫁の親族の人々から「ここにお前の食べ物はない」といわれたりする。
>
> 彼は、日常生活において、妻のブウコスに住む年配男性や女性族長の指示に従って活動する。彼は、妻の身体の具合が悪い時には、水浴びにつきあったり、薬草を摘んだりする。夫は、妻だけでなく、妻の兄弟にも気を使う。彼らが妻の屋敷や家へ顔を出した時など敬語を使い、一段と低い姿勢をとって丁重にもてなす。
>
> サタワル社会の男性は、結婚を契機に異なる地位につくことになる。男性は、自分の親族においては、親族の財を管理する立場にあり、また、自分の姉妹や彼女たちの夫たちや子供たちに対し権威を持つ。一方、自分が婿入りした妻の親族においては、「よそ者の男」として妻の兄弟や年配の男性の支配下におかれ、妻の親族のために「働く者」としての地位に甘んずるのである。
>
> また、夫が仕事を怠けていると、妻は夫に警告する。夫がそれを無視すると、妻は、夫に「出て行け」という。すると、夫は、身一つで「実家」に帰らなければならない。これは、妻の兄弟や母方のオジに仲介に入ってもらい関係の修復が可能である。しかし、もしも夫が他の女性と性的関係をもっていたら、妻は、夫に「おまえのブウコスへ帰れ」という。もしも妻が「あなたのブウコス」という表現をとったら二度と夫婦生活をおくれない離婚を意味している。

先ほどまでの多くの事例が必ずしも普遍的でないことが分かる事例である。このサタワル島の事例では、男性は、婿入りし、

妻の集団の「働き手」という地位におかれ、妻の親族に気を遣いながら生活しなければならず、離婚も妻側からの一方的な決定によってなされる。これは、「女：男→上：下」という構図にまとめることができる。このような例は、世界的に見て数が少ないのは事実であるが、「男：女→上：下」の構図が普遍的とはいえないことも事実だということが分かる。

さらに、この「男：女」の二項対立がかならずしも厳格でないでない社会もある。以下は、カナダの北西地域（ブリティッシュ・コロンビア州の北にあり、北極圏にも入る地域）に住むヘヤー・インディアンの男女の役割について原ひろ子が報告している内容である。問について考えながら、内容を読んでみよう。

(問2-7) ヘヤー・インディアン社会で「男女の役割分担が極度に極小化」している理由を考えてみよう。

ヘヤー・インディアンの文化にも、男らしい男、女らしい女というようなイメージがはっきりある。女は、肩幅の広い男らしい男にあこがれ、男は長い黒髪の女らしい女を好ましく思う。しかし、日常の活動の男女分担に関して分析してみると、ヘヤー社会の文化は、性別役割を極度に極少化しているといえよう。ほとんどあらゆる作業は、どちらかといえば、男がする仕事、女がする仕事というふうに分かれているにすぎない。ヘヤー・インディアンはムースやカリブという大型獣に衣服や食生活を大きく依存しており、同時に食料源としてウサギにもかなり依存している。大型獣の狩猟は主に男のする仕事で、ウサギ猟は、主に女の仕事だが、そのいずれも男がしてはいけないとか、女がしてはいけないというわけではない。すべての狩猟採集活動と日常生活のいろいろな作業分担に関して、どちらかといえば女がするような作業を男がしたとしても、だれもあいつは女々しい男だと笑わないし、普通男がするような作業を女がしたとしても、あいつは変な女だというふうにはいわない。

第2章　ジェンダー

なぜ、ヘヤー・インディアンには、ジェンダーによる役割分担がはっきりしていないのだろうか。この問題の理解にも「全体的アプローチ」が必要だ。彼らの生活環境を考えてみることが有力な手がかりとなりそうである。

　ヘヤー・インディアンの住むカナダ北西地域では、冬は、氷点下45度から50度にもなる。それゆえに、ヘヤー・インディアンは、生き抜くために、厳しい環境と一人で闘うことを余儀なくされている。時には、女が大型獣を射止め（本来は男の仕事）、男がウサギ猟をする（本来は女の仕事）必要が生じてくるのだ。この状況で厳格な男女別タブーなどは、生存のための闘いにおいて障害になるだけである。彼らの生活は、男女ともに環境の中で生き抜くことが第一の目的であり、人間としての「生存」の問題がいつも第一の課題なのである。つまり、人間がその極限の環境で生物としての生命を維持するためには、「ジェンダー」という「文化的な仕掛け」を最小限にとどめておかざるを得ないと考えられるのだ。

　棚橋（1990）は、次のような事例を報告している。

（問2-8）以下の「女写し」の事例からポリネシアの「ジェンダー」がどのように見えてくるか考えてみよう。

　ポリネシアの「女写し」と呼ばれる男たちは、家事を好み、花を飾り、香水のような「モノ」をつけ、縫い物などが得意な、多くの社会における「女性的な」傾向の強い男性である。彼らは、女とも男とも性的交渉は持たないが、ある種の社会的特権を持っている。すなわち、ポリネシア社会では、男女が人前であからさまに親密な行為をすることは厳禁だが、「女写し」は、女性と接することができる。さらには、女性たちの代弁者となり、男たちをからかう。「女写し」は、「好ましい人」として位置づけられている。現代の日本では、男と女という二つでジェ

ンダーを考える傾向が強いが、ポリネシアでは、社会文化的性差による社会的役割が二つだけではないのだ。

　一見、この「女写し」の事例は、ポリネシアにおけるおおらかな男女の平等性にも思われる。しかし、よく考えてみると、「女写し」が女性の代弁者になっているというところから、女性の立場が社会的に必ずしも強いわけではないということが見えてくる。なぜなら、強いものは代弁者を必要としないからである。そうすると、「女写し」は、男性が女性的な振る舞いをして、男性をからかったりすることによって、日常押さえつけられている女性たちの「憂さ」をはらしてくれる存在にも見えてくる。さらに、「女写し」という非日常的「ジェンダー」を創造することによって、日常の「ジェンダー」を客観的に見るきっかけを作っているとも考えられる。それは、以下のような二項対立で考えることができるのである。

　　　　　　日常：非日常
　　　　　　　　↓
　　　　　通常の男女：「女写し」

　ヘヤー・インディアンとポリネシアの「女写し」の事例は、私たちに、固定的にジェンダーを捉えることは、異文化理解の障害になるという事実に気づかせてくれる。「男はこうあるべきだ」「女はこうあるべきだ」というイメージや「男の行動はより価値が高い」という認識は、文化によって異なり、絶対正しい普遍的な基準などないのである。とくに、ヘヤー・インディアンのように生き抜くことが第一の目的となるような環境において、「生き延びる」ためには、ジェンダーの枠組みは非常に弱いものとなる。

第4節　ジェンダーとしての「父親」「母親」

　男女の役割としての「親」について考えてみよう。「父親とは、なにか？」「母親とは、なにか？」あなたは、簡単に定義できるだろうか。学生たちのよくある答えに、「父親とは一家の大黒柱」「母親とは、家を守り、子供の世話をしてくれる人」というのがある。これは、社会文化的性差（ジェンダー）で分類した一例だろう。生物学的性差（セックス）でその役割を定義したら、「その子供を出産した女性が母親」「その妊娠に携わった男性が父親」ということになるだろう。

　「実の父、実の母」という言葉と「育ての父、育ての母」（もしくは、「義理の父」「義理の母」）という言葉がある。この場合の「実」はどのような意味を持っているのだろう。日常で使う「本当の」という言葉とほぼ同じ意味だ。そこで、「実の父」は「本当のお父さん」、「実の母」は「本当のお母さん」という意味になる。それでは、「本当の」という言葉の反対は何だろう。たぶん「嘘の」という意味になる。そうすると「育ての父」は「嘘のお父さん」、「育ての母」は「嘘のお母さん」ということになる。

　しかし、「実の父」が子供に暴力を振るい、挙げ句の果てに実の子を殺してしまったという事件や、「実の母」が真夏の駐車場で車中に実の子を寝かせたまま、パチンコに長時間熱中しその子供を死なせた、という事件があった。それに対して、「『育ての父』や『育ての母』が愛情深く育ててくれた」という話もよく耳にすることがある。

　だから、「血のつながり」が子供に対する愛情の絶対条件ではないことを私たちは知っているはずなのである。ところが、私たちの個人的な体験とは別に、日本語のなかには「血のつながり」を表す「実の父」「実の母」という言葉が重きを置かれていることに気づく。日本の文化のなかに「血のつながり」に対する無意識の信頼（「信仰」といってもよい）が存在しているこ

とが見えてくる。

　すなわち、日常使う言葉の背景にある「文化」は、個人の実際的な経験以前に存在していて、その「文化」と個人的な経験との違いを認識していても、「文化的ルール」は生き続けるのだ。だから、私たちは「育ての親」の愛情深い話をたくさん聞いているにもかかわらず、何十年も離れ離れになった「実の親」を探して再会した瞬間に涙するのだ。だから、この種の話をもとにできたテレビ番組は国民の絶対的支持を得るのである。

　この4種類の「親」を、ジェンダーに基づく二項対立に置き換えてみると以下のようになる。

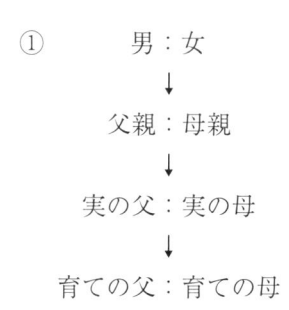

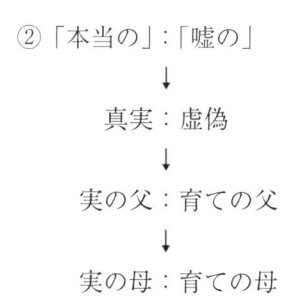

①　　　男：女
　　　　↓
　　　父親：母親
　　　　↓
　　　実の父：実の母
　　　　↓
　　　育ての父：育ての母

②「本当の」：「嘘の」
　　　　↓
　　　真実：虚偽
　　　　↓
　　　実の父：育ての父
　　　　↓
　　　実の母：育ての母

　「実の〜」「育ての〜」という関係をそのまま「真実」「虚偽」の二項対立に結びつけてしまうことに抵抗を感じる人がいるか

もしれない。しかし、二項対立ということに限定するとすれば、以上のような図式になるのだ。この図式から分かることは、①は生物学的側面を基盤として「親」を分類しているのに対して、②は、文化的側面を基盤として「親」を分類していることである。ここで筆者は、「血のつながり」の「信仰」を捨てようなどと言うつもりは、勿論ない。ただ、私たちの文化が「血のつながり」を重んじる「文化」だということを認識しておこうと言っているだけである。文化人類学では、「親」という言葉を生物学的な親と社会学的な親に分けてさまざまな文化を見ようとしているのだ。その用語を挙げると以下のようになる。

生物学的父 = genitor（ジェニター）→その子供の妊娠に携わった男性
社会学的父 = pater（ペイター）→その子供の父親だと所属集団から認められた男性

生物学的母 = genitrix（ジェニトリックス）→その子供を出産した女性
社会学的母 = mater（メイター）→その子供の母親だと所属集団から認められた女性

勿論、一人の男性が生物学的父であると同時に社会学的父であり、一人の女性が生物学的母であると同時に社会学的母であるという社会が多いことは事実である。

それでは、ジェンダーとしての「親」というものを考慮に入れながら次の問を考えてみよう。

(問 2-9)

> スーダンのヌアー族は牧畜民である。男性が結婚したい女性を見つけた場合、その男性は彼女の集団に婚資として牛を支払う。その牛が十分だと女性の集団の家長が判断した場合、結婚が成立する。この結婚は子供の誕生までは十分に成立しない。子供が誕生した場合、その子供は母親の集団に牛を与えた人を父親と呼ぶ。もしも、男性の生物学的理由によって子供が産まれない場合、その男性は、自らの父系親族の中から最も信頼の置ける独身の男性を選び、彼の妻がその男と性的関係をもつ機会を設定する。これによって生まれた子供の父親は、子供から見てジェニトリックスである母親の集団に牛を与えた人である。ゆえに、ヌアー族にとってジェニターであるか否かは重要な意味を持たない。ジェニターを「実の父」と呼ぶ日本社会とは対照的である。ヌアー族にとって「母親の集団に牛を与えた人」こそペイターであり「本当の父」なのである。しかしながら、それとは反対に、女性が不妊症の場合、だれかに産んでもらってその子供のメイターとなることはできない。ヌアー族の場合、女性はむしろ、ジェニトリックスであることがメイターであることの条件なのである。したがって、不妊症の女性の結婚は解消され、女性の父親の集団は婚姻時に支払われた牛を当該男性に返さなければならない。「子供を産むのが女であり、子供を産まない女は女ではない」のである。さて、それでは、ヌアー族の文化は「男女差別」もはなはだしい文化なのだろうか。

　この問に答える前に、婚資について少し考えておこう。婚資とは、男女が結婚する時に、たいていは、花婿の集団が花嫁の集団に支払う「モノ」で、その集団の間で価値があると認められたものである（日本では「結納」などという）。現代の日本では、結納は現金である。昔は米であった。当時の日本社会の基盤は米であったからだ。日本人の多くは、農耕民であったが、その農耕民から作物を搾取して生きる貴族や武士という階級が登場した。その武士の力の単位は「石」である。石と書いて「こく」と読ませたが、これは、「千石船」に見られるような船の単位

の「石」とは違う。これは、もともと穀物の「穀」の音を表していたのである。要するに、米のことだったのだ。しかし、「穀」という漢字を用いたらあまりにも直接的過ぎるので、「石」の字をあてたのだとする説が有力である。

　ちなみに、米1合は、0.18039リットル（180.39立方センチメートル）である。10合が1升、10升が1斗、10斗が1石である。一人1食あたり1合を食するとすれば、1日で3合、1年で約1,000合（1石）である。1石＝1,000合、これは1年に一人が消費する米の量であった。そう考えていくと、牧畜民であるヌアー族にとって、「ウシ」は、日本における、昔の「米」や現代の「金」に相当すると考えられる。

　さて、話を「ヌアー族の文化は男女差別もはなはだしい文化なのだろうか」という問に戻そう。答えは、「そうではない」である。ヌアー族を調査したエヴァンズ＝プリチャード〔Sir Edward Evan Evans-Pritchard, 1902-1973〕というイギリスの人類学者の説明をもとに考えていこう。

　不妊症のために結婚を解消されたこの女性は、自分の父親の集団に戻り懸命に働くのである。働けばその報酬としてウシがもらえる。そこで、その女性は懸命に働き続けるのである。そしてウシが「貯蓄」されていく。一定の期間の後、彼女はよく働く健康な若い女性を探す。そして、その女性の集団の家長、すなわち、その女性の父親に彼の娘を自分の嫁にくれるように頼む。多分（不妊症のその）女性は、普通の男よりもたくさんのウシを持っていくだろう。その数に（よく働く健康な若い）女性の所属集団の家長は、満足する。そして、結婚が許可される。

　ヌアー族の考え方では、不妊症の女性は、「女ではない」から「男」として生きるのである。結婚後彼女は、自分の妻に子供たちのジェニターになる男性を探し、性的関係を持たせる。やがて子供ができる。そうすると、子供たちは、誰を父親と呼ぶのだろうか。それは先ほどの不妊症の女性であることが想像できるだろうか。

ここで、注意してみよう。筆者は、ヌアー族の父親の定義を「母親の集団にウシを与えた人」と定義した。「母親の集団にウシをあたえた男」とは書いていない。これが、重要なポイントである。あなたは、「母親の集団にウシを与えた人」の「人」と読んだ時点で、「男」と無意識に考えていたのではないだろうか。それは、当然である。それが日本の社会の「当たり前」だからである。私たちの社会では、父親は男性がなるのが「当たり前」だからである。これが日本文化のジェンダーに基づく「常識」である。

　しかし、それは、普遍的な「常識」ではなかったのだ。少なくともヌアー族の常識ではない。そして、このペイターとなった女性は、その集団の家長となり、あらゆる財産を享受することができる。この女性は、不妊であったために、他の女性では絶対になれない家長の座を手に入れたのである。

【参考文献】

エヴァンズ＝プリチャード、エドワード・E『ヌアー族の親族と結婚』長島信弘・向井元子［訳］岩波書店 1985 年

オートナー、シェリー「男は文化で女は自然か？」［Ortner 1974=1983 三神弘子訳「女と男は自然と文化の関係か？」『現代思想』1983 年］

清水展「性差――男らしさと女らしさについて」『人類学のコモンセンス――文化人類学入門』p.55、浜本満、浜本まり子［編］学術図書出版社 1994 年

須藤健一『母系社会の構造――サンゴ礁の島々の民族誌』紀伊國屋書店 1989 年

棚橋訓「ポリネシアでジェンダーについて考える――性現象をめぐる若干の提言」『社会学論叢』34 号、p.49、1999 年

原ひろ子『ヘヤー・インディアンとその世界』平凡社 1989 年

松園万亀雄責任編集『性と出会う――人類学者の見る、聞く、語る』講談社 1996 年

ミード、マーガレット『男性と女性〈上・下〉——移りゆく世界における両性の研究』田中寿美子・加藤秀俊［訳］現代社会科学叢書 1961 年

ロサルド、ミシェル・Z「女性・文化・社会——理論的概観」時任生子［訳］、山崎カヲル［監訳］『男が文化で、女は自然か？——性差の文化人類学』pp.135-174、晶文社 1987 年

吉田禎吾［編］『文化人類学読本』東洋経済新聞社 1975 年

第 3 章
婚姻

なぜ父親は娘と結婚できないのか？

第1章では、「文化」とはその集団の成員に共通する「決まりごと」だということを学んだ。そして、第2章では、ジェンダーを例に「文化」は「分類する」ことを学び、普遍的で絶対正しい分類法など存在しないことを理解したはずである。「文化」は「決まりごと」であることと、「文化」は「分類する」という事実をふまえて、第3章では、「婚姻」について考えていきたい。

第1節　文化人類学における婚姻の捉え方

　次の問から考えていくことにする。

(問 3-1)

> 　ある男がある女に結婚を申し込んだ。ところが、彼女は、その申し出を断った。その理由は、彼女が結婚に絶対必要だと思うものが欠けていたからだという。あなたは、その欠けていたものとは何だと思うだろうか。そして、あなたは結婚に何が絶対必要だと思うだろうか。

　本書の二つの章を読んだだけで、文化人類学にすっかりなじんでしまった人は、ヌアー族の例を出して、「欠けていたのは牛の数」などと考えるかもしれない。そうであったら、認識論的文化相対主義がその人の中に芽生え始めていると想像できる。
　筆者が実際の講義で学生たちにこの質問をすると、彼女が断った理由は「愛していないから」という意見と「お金がないから」という意見に分かれる。日本経済が好調な時に、結婚に何が絶対必要かと尋ねると、学生の多くは「愛」と答えた。日本経済が下降線をたどっていくにつれ、「経済力」と答える学生も多くなる。ただし、生きていくために好きでもない人と「愛」

のないお金目当ての結婚は悲しいと思っているようにも見える。

　ところで、ここでいう「愛」とは、いったい何だろう。そして、「愛」を基調とすると思われる結婚が行われている社会の方が、他の理由で結婚すると見える社会よりも「よりよい結婚」をしていると断言できるだろうか。

　「愛」はたった一人の相手だけに捧げるのが美しいことと思うかもしれない。夫一人に妻一人の恋愛結婚こそ最高の結婚だと「当たり前」に思っている人も多いかもしれない。しかし、恋愛結婚の末、「愛」によって結ばれた二人が、何年かの後、「愛」がなくなっても結婚という形式を続けているということはないのだろうか。事実、イタリアでは、1990年代まで離婚の自由がなかったのである。とすれば、恋愛結婚と一夫一婦制の婚姻形態（結婚のルール）を有する「文化」でも「愛」のない結婚生活を続けている夫婦が存在した可能性は十分に想像がつく。

　さらに、恋愛結婚と比較して見合い結婚や、家族、親族同士で決めた結婚には「愛」は無縁といえるだろうか。経済力を持った男が複数の妻を持つのは、「美しい」とはいえないかもしれない。しかし、その婚姻形態をとる夫婦に「愛」がないといえるだろうか。それは断言できない。恋愛結婚や一夫一婦制の結婚が最高の形式だと理由もなく考えているのは、西洋文化が最高と考えているヨーロッパ人の自文化中心主義を直輸入した「ものの見方」なのである。文化人類学は、このような「婚姻」に対する見方を「相対化」することから始める。

第2節 内婚・外婚・アガミー、インセスト・タブー（近親間の婚姻の禁止）

2-1 内婚・外婚・アガミー

　婚姻について、第一に言えることは、婚姻の基盤に「文化」が存在するということである。そして「文化」が集団を「分類」する。それを理解するために結婚における「ルール」を、「集団を分類する」という視点で見てみよう。そうすると、花嫁を媒介にして「花嫁を与える集団」と「花嫁をもらう集団」という分類が婚姻によって生じてくる。その分類には次のようなルールが定義されている。

　　［△（男）　○（女）　　△＝○（婚姻関係）］

　① 内婚 endogamy：　自分の所属する集団内の人と結婚しなければならない。
　　　　　　　　　　　「花嫁を与える集団」と「花嫁をもらう集団」が同じ場合。
　　　　　　　　　　　（集団A　　△＝○　）
　② 外婚 exogamy：　自分の所属する集団以外の人と結婚しなければならない。
　　　　　　　　　　　「花嫁を与える集団」と「花嫁をもらう集団」が異なる場合。
　　　　　　　　　　　（集団A　△）：（集団B　○）→ A△＝○B
　③ アガミー agamy：結婚する上で特別な規則がない。
　　　　　　　　　　　（産業化された社会に多い）

（endogamy の endo とは「内」を表すギリシャ語である。gamy は「婚姻」を意味するギリシャ語である。exogamy の exo とは「外」を意味するギリシャ語である。agamy の a は形容詞を作る接頭辞で「非」や「無」を意味する）

2-2　内婚・外婚の理由とインセスト・タブー（近親間の婚姻の禁止）

次の問を考えてみよう。

(問 3-2)

> あなたは、ある小さな離れ島に住んでいるとする。その平和な島では、島民であることが、死後、天国に行くことができる条件だとする信仰を持っている。島民であるということは、島に居住し、島の言葉を話し、島の習俗を守り、島の食べ物を食べ、そしてなによりも島の信仰を守ることである。ある時、見知らぬ人々が武器を持ってやってきて島民たちに島から出て行けと言う。あなたの島には武器がなかったので戦うことはできない。あなたたちは、全員逃げ出した。しかし、いつかは島に戻って昔の生活を取り戻さなければならないと思っている。なぜなら、島民でなくなったら死後あなたは天国に行けないという信仰を持っているからだ。島を離れても元の生活を取り戻すためにあなたはどのような方法をとるだろうか。

　武器を持っていない島民がすぐに戦いを挑むことは無理であろうし、すぐにその島に戻れる可能性は極めて低い。それでは、どのようにしてその島に戻って昔の生活をとり戻す機会をねらうのだろうか。まず、自分たちの言葉と慣習を守ることが基本になるかもしれない。この状況で、あなたは、避難先の土地で、結婚相手をどのように選ぶだろうか。あなたは、あなたと言葉と慣習を共有する、その島の出身者を探して、結婚したいと考えるのではないだろうか。

　その結婚は、島の言葉と慣習をまもる方法となるだろう。それによって、避難先の土地の生活習慣を覚えながらも、家庭では、島の言葉と慣習を守り続けていくことができるかもしれない。そうすることによっていつか島に帰ることができた時に元の生活様式を復元できるはずである。そのためには、結婚する相手は、島の出身者でなければならないのである。つまり、結

婚に絶対必要なのが「島の伝統的生活様式の共有」なのである。これが、内婚というルールが成立したあらすじの一つだと想像できないだろうか。

　また、特定集団が自らの「生活様式」を守るために内婚を行う場合に加えて、ある種の地位や権力を維持するために内婚を行っていた例もある。古代エジプトやインカ帝国、ハワイ王国の王室などにおいては、王は神聖視されていた。王家では兄弟と姉妹の間で婚姻を行っていたのである。

　エジプトで最も有名なプトレマイオス王朝の女王クレオパトラは実の弟と結婚していた。このような近親間における婚姻は、その「王」という神聖性や権力を王家が独占するためとも考えられる。この場合、結婚に絶対必要なのは、「権力の維持」なのである。そうすると、内婚とはある集団が自らの「権力」や「地位」を守ろうとするために考えられたルールだという捉え方も可能となる。

　内婚のルールに関する一般的な見解は、内婚が「集団内」で婚姻を行わなければならないということで、その集団を内向きの閉じたものにしてしまい、やがてその集団の消滅を招くというものである。それが「集団内で近親者との婚姻関係または性的関係を禁じる」という人類社会がほぼ普遍的に持っているとされるルールを導き出す。そのルールが、インセスト・タブー（近親間の性的関係の禁止）である。インセストは「近親相姦」「近親姦」と訳され、近い親族関係にある者による性的行為・婚姻をいう。それを禁ずるのがインセスト・タブーである。ここで、インセスト・タブーのいくつかの理論を歴史的に見てみよう。

　人類学成立の初期、フィンランドに生まれイギリスで活躍した人類学者ウェスターマーク〔Edvard Alexander Westermarck, 1862-1939〕（『人類婚姻史』1891）は、「本能的嫌悪説」を主張した。人間が「自分の近親者に対して性的欲求を持たないのは、そのような本能があるからだ」とする説である。これは、多くの人が納

得できるのではないだろうか。今でもウェスターマーク効果として有名である。男子の場合なら母親や姉妹、女子の場合なら父親や兄弟は、恋愛の対象にはならないのが日本における「当たり前」だと私たちは知っている。このことは、多くの社会にも共通しているのだ。だから、多くの人がすぐに納得できるのである。

　しかし、インセストの問題は、ヨーロッパやアメリカ、日本における各種メディアの「人生相談」によく取り上げられる。要するに、インセストの問題は、実際には「ある」のである。もし、インセスト・タブーが本能だとしたら、これは「絶対」に「ありえない」現象である。もし本能だとしたら、前述したエジプトのプトレマイオス王朝のキョウダイ婚などを説明できない。

　そこで、社会が「機能」するために人間が意図的に作り上げたルールの一つとしてインセスト・タブーを考えた人類学者がいた。ポーランド出身のイギリスの人類学者で、機能主義人類学の創始者の一人、マリノフスキー〔Bronisław Kasper Malinowsky, 1884-1942〕である。マリノフスキーは「本能」という概念を使わず、「機能」という概念を主張した。

　人類学における機能主義とは、人類学者自らによるフィールドワークで集めた資料を基に、現存する「文化」を、相互に関係して働いている諸要素の集合体として捉え、異文化の慣習規則や諸現象を相互の機能的連関で理解しようとする学問的方法論である。

　この機能主義的視点から見て、人類は「家族内の役割の混乱」を招かないように、「家族が家族として機能するように」、ルールとしてインセスト・タブーを作り上げた、とマリノフスキーは主張した。ここでいう「機能」とは、「はたらき」「作用」と考えることができる。要するに社会をスムーズに動かすはたらきを「機能」というのである。マリノフスキーの主張は、「機能説」と呼ばれる。

　この論点の基本は、「人間は一人では生きていけない」とい

うことである。人間には、仲間、集団という「社会」が必要になる。そして、その社会が安定し、うまく動いてくれれば、すなわち「機能」してくれれば、人間にとって都合がよいのである。どうすれば「社会」がうまく動くのだろうか。

そのためには、社会という集団内の一人一人が、各自の「役割」をしっかり果たさなければならない。学生は学生らしく。教師は教師らしく。看護師は看護師らしく。医者は医者らしく。芸術家は芸術家らしく。各自に与えられた「役割」をそれぞれがしっかり果たせば社会はうまく動く、すなわち「機能する」のである。

それでは、社会の最小単位は何だろう。「家族」である。それでは「家族」が機能するためにはどうすればよいのだろうか。それは、家族内の各自が自分の「役割」をしっかり果たせばよいのである。父親は父親らしく。母親は母親らしく。息子は息子らしく。娘は娘らしく。

例えば、父親が娘と「結婚」したらどうなるのだろうか。その娘は、自分の父親の妻になることになる。同時に、その娘は、自分自身の「社会的母」になってしまうことになる。これが「役割の混乱」である。これでは社会が「機能」しなくなってしまう。

この混乱を防ぐためにルールとして、近親間での性的関係や婚姻を禁止した、というのがマリノフスキーの主張である。これは、論理的に説得力を持っているように見える。なぜなら、ルールがあるところには「ルール違反」がつきものだからである。そうすると、前述の「近親姦」の問題もプトレマイオス王朝の婚姻も「ルール違反」として説明がつく。

しかし、その説明は集団と集団の関係まで説明してはいない。人間が一人で生きていないように「集団」も一集団だけで存在しているわけではないのだ。従って、個人が他者との「関係」で生きているように、「集団」も他集団との「関係」の中で生きているのである。

以上を踏まえて、次の問を考えてみよう。

(問 3-3)
> あなたにはとても素晴らしい恋人がいる。容姿も素晴らしく、性格も優しく、人格者であり、頭脳明晰でお金持ちでもある。二人はお互いに愛し合っている。ところが、その人とあなたが、血族でも親戚でもないのだが、たまたま同じ苗字であるため結婚ができないとする。その場合、あなたはどのように思うか。

事実、1997年まで、韓国では同じ姓を持つ男女の結婚が法律で禁止されていた。これを「同姓同本不婚」という。現在になってやっと、8親等以内でなければ同じ姓名の男女の結婚が法律的に認められるようになったのである。この規則は、近親結婚を避けることが目的のようであるが、遺伝学的にあまり根拠のない場合が多くなり、2008年にようやく同姓同本不婚が法律上破棄された。

この遺伝学的な説明とは別の解釈もある。その昔、国家統合の実践的な方法として中国から韓国へ儒教がもたらされた。儒教は、始祖を敬い同じ先祖を持つ集団（一族）のつながりを重んじている。そこで共通祖先をもつ同姓集団は同じ家族であるという考え方が広がった。その考え方を基盤として、同じ家族内では結婚しないというインセスト・タブーのルールとして同姓同本不婚が成立したというのだ。集団は異なる集団との婚姻を通じて「関係」を成立させるというのである。

以上を踏まえて、次の問を考えてみよう。

第3章　婚姻

(問 3-4)

> あなたの住んでいる村は、隣村としばしば、紛争を起こした。数年に一度、かなりの数の男たちが犠牲になる。そこで、村人が集まり、どのようにしたら紛争を起こさないようにできるか話し合った。あなたが村人の話し合いに参加していたとしたらどのような提案をするだろうか。そこから、ある集団が、近隣の他部族と戦争状態にならない効果的方法として、どのようなことが考えられるだろうか。

　答えの一つとして、簡単には隣村の集団と「親族関係」を結んでしまう方法が考えられる。すなわち、親戚同士になるのである。どのようにしてなるのだろう。あなたの村の誰かと隣村の誰かを結婚させればよいのである。例えば、あなたの村から隣村に女性が嫁いだとしよう。その後どうなるのか。あなたの村と隣村に親戚関係が生じる。つまり、他集団でありながら他集団ではない状態ができるのだ。この隣村同士の婚姻を続けていったらどうなるだろう。

　そうなると、あなたの村と隣村は、様々な点を共有するようになる。村同士にたくさんの義理のキョウダイやイトコができたり、共通の孫が生まれたりする。紛争回避の手段という視点から見れば、このような異なる集団間の婚姻はかなり有効な方法である。

　日本でも戦国時代に有力な武士の一族が他の有力な一族と婚姻関係を結んで戦を避けた事例は多い。同姓同本不婚が成立した当時の韓国も戦国時代であった。要するに、このタイプの結婚の目的は「集団間の平和」なのである。こうした婚姻を続けていくと一つのルールができあがってくる。それは、人は自分の所属する集団以外の者と結婚しなければならない、というものである。これが外婚というルールができる一つの背景だと考えられるだろう。

人間が一人で生きていないように集団も一集団だけで存在しているわけではない。そうすると、人間が一つの社会で他者とのよりよい関係を持つことによって生きていけるように、一集団は他集団とよりよい関係を持つことによって存在できるのだ。一番の悲劇は、集団間に争いが起き、どちらか一方を消滅させてしまうことである。

　それでは、他集団と平和に共存するためには、どのようにしたらよいのだろう。そこで、先ほど問 3-4 の答えで説明したルールが登場する。それは他集団と親戚になってしまえばよいというものである。

　それには、どうすればよいのか。他集団との間にメンバー間の婚姻を行うことをルールづければよいのだ。だとすると女性は常に自分の生まれた集団ではない人と結婚しなければならなくなってくる。夫にとって妻は他集団からきた人である。だから結婚できたのだ。ところが息子にとって母親は同じ集団に属している。だから結婚できない。また、その息子は、自分の姉妹とも結婚できない。なぜなら、姉妹も自分と同じ集団に属しているからである。女性は、かならず他集団の男と結婚しなければならないからだ。

2-3　レヴィ＝ストロースの考え方

　この外婚の理由を全く逆の発想で解き明かしたのがフランスの人類学者レヴィ＝ストロース〔Claude Lévi-Strauss, 1908-2009〕である。レヴィ＝ストロースは「文化」を構成要素に分解して、その要素間の関係を整理統合することで「文化」を理解しようとする学問的方法論を主張した。これを「構造主義」という。彼は、個人間の「関係」や集団間の「関係」を「構造」と呼んだ。

　レヴィ＝ストロースの主張は、インセスト・タブーは作りだされたルールではなく、人間の精神構造に従った婚姻慣習の結果、付随的に表れた現象だというものである。その構造とは二項対立

であらわされる。婚姻に関する二項対立は「花嫁をあげる側」と「花嫁をもらう側」を基盤として存在している。「花嫁をあげる側」はその集団内で花嫁を与えることはなく、「花嫁をもらう側」はその集団内で花嫁を獲得することはない。これが前提である。すると「花嫁をあげる側」と「花嫁をもらう側」は花嫁を媒介として初めて「関係」ができる。

レヴィ＝ストロースは、オーストラリアの先住民族であるカリエラ族における親族関係の中に構造を見出した。カリエラ族の婚姻の規則の中に、クラインの四元群と同じ構造があることを見出した。

カリエラ族の人々は、部族内でA、B、C、Dという4つのセクションに分けられ、誰もがその1つだけに所属する。このセクションは、それぞれ結婚する相手を決めるという規則を持っている。決められたセクションの相手以外との結婚は許されていない。そして、その夫婦の間に生まれた子供がどのセクションに属するかは、親の所属するセクションによって決められている。図解すると以下になる。

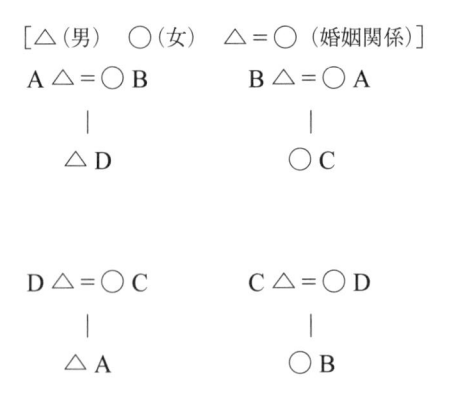

$$[△（男）　○（女）　△＝○（婚姻関係）]$$

$$A△＝○B \qquad B△＝○A$$
$$\;\;|\qquad\qquad\qquad\;\;|$$
$$\;\;△D\qquad\qquad\;\;○C$$

$$D△＝○C \qquad C△＝○D$$
$$\;\;|\qquad\qquad\qquad\;\;|$$
$$\;\;△A\qquad\qquad\;\;○B$$

夫(男)	妻(女)	子	
A	B	D	(A:B) → D
B	A	C	(B:A) → C
C	D	B	(C:D) → B
D	C	A	(D:C) → A

　男女の婚姻は（A:B）あるいは（C:D）という組み合わせの間で行われ、この組み合わせ以外の相手との婚姻は許されない。そうすると、子供のセクションは、親のセクションの組み合わせではないところになる。だから親と同じセクションに所属する子供はいない。

　ここから導き出される論理的な結論がインセスト・タブーである。同じ親から生まれた兄弟姉妹は、同じセクションに所属することになる。同じセクションにいる男女は結婚することができない。インセスト・タブーはこの婚姻規則の構造として必然的に導かれる論理的な帰結というわけである。では、なぜインセスト・タブーがあるのか。それは、人間の精神に、外婚を行わせる構造が組み込まれているからだとしか考えられない。これがレヴィ＝ストロースの主張である。

　この規則では、子供の所属は父親がAのセクションの時と母親がAのセクションの時では異なる。それぞれDやCになる。この組み合わせが婚姻可能な相手のセクションである。婚姻の相手に選ぶことができるのは、父親の姉妹の子供か、母親の兄弟の子供に限られる。父親にとっての同性の兄弟、母親にとっての同性の姉妹の子供は、自分と同じセクションになってしまうので婚姻の相手にはならない。

　この前提にさからった関係をインセスト・タブーと言うのである。なぜインセスト・タブーがあるのか、といえば、「花嫁をあげる側」と「花嫁をもらう側」という二項対立が無意識のうちに「当たり前」の前提として精神構造のなかに存在してい

第3章　婚姻　　69

るからである。それは、「上:下」「左:右」「東:西」「南:北」「老:若」「男:女」「生:死」といった日頃意識されないが確実に存在している前提と同じ構造である。その前提がまず先にあるので、それに反した行動をここではインセスト・タブーというだけなのである。この一見逆から現象を見ていく方法を採ると、そのルールの存在の意味がはっきりと見えてくる。

　この二項対立の集団は外婚を実行していくように見える基盤となる。外婚は集団間における平和維持のために意図的に作り出したルールのようにも見える。しかし、その基盤に「花嫁をあげる側」と「花嫁をもらう側」という徹底した二項対立を生み出す精神構造があり、その結果として外婚が存在しているにすぎないことをレヴィ＝ストロースは主張したのである。

　以上が内婚と外婚の説明である。「花嫁を与える集団と花嫁をもらう集団」が異なるというのが外婚である。「花嫁を与える集団と花嫁をもらう集団」が同じという内婚は、権力や財産の独占や生活様式を保持したいという意図的な操作が行われる場合に限定される婚姻なのだが、ある人にとって、その相手が「結婚できる集団」にいる場合と「結婚できない集団」にいる場合があるという意味では共通している。

　例えば、プトレマイオス王朝の王族にとって、結婚できる集団は王族に限られており、それ以外は結婚できない集団となる。ゆえに、内婚にも外婚にも、共通して指摘できることは、「結婚できる相手」と「結婚できない相手」を常に「分類する」働きが、その根底に存在しているということである。

第3節　婚姻の形態

　それでは、次に結婚形態を見ていこう。

① monogamy（モノガミー：単婚）：一人の夫と一人の妻による婚姻

△ = ○

② polygamy（ポリガミー：複婚）：夫または妻が複数の婚姻。
→ polygyny（ポリジニー：一夫多妻婚）：一人の夫と複数の妻との婚姻

○ = △ = ○

→ polyandry（ポリアンドリー：一妻多夫婚）：一人の妻と複数の夫の婚姻

△ = ○ = △

（monogamy の mono はギリシャ語で「単数」の意味を表す。polygamy の poly はギリシャ語で「複数」を表す。polygyny の gyny はギリシャ語で「妻」「女性」を意味する。polyandry の andry はギリシャ語で「夫」「男性」を意味する）

モノガミー（単婚）が行われている社会はどこにあるだろう。「日本」と即答する人がいるかもしれない。確かに現在の日本では一人の夫に一人の妻という婚姻形態が法律で定められている。複数の人と結婚した場合は重婚（bi-gamy：バイガミー）といって罪になる。だが、モノガミー（単婚）は日本特有の婚姻形態だろうか。よく知られているように、江戸時代の将軍には通常、正室以外に何人もの側室がいた。これは、ポリガミー（複婚）である。光源氏は何人もの妻のところを夜毎訪ねていった（この婚姻形態を人類学では「通い婚」という）。これも訪ねる妻が複数であったらポリガミー（複婚）である。このようにモノガミー（単婚）は日本固有の婚姻ではないのだ。

単婚は日本人が明治以降西洋の「文化」や法律を懸命に取り入れたときに一緒に取り入れた制度なのである。だから日本の

モノガミーは、ヨーロッパ起源ということになる。それではなぜヨーロッパではモノガミーが制度となったのだろうか。キリスト教布教以前のヨーロッパでは一部で複婚が行われていたが、9世紀にはキリスト教が全ヨーロッパに広まる。キリスト教はモノガミーを掟としている。その基盤にあるのが男女の純粋な「愛」なのである。

その「愛」という基盤から見るとポリガミーは「変な婚姻形態」に見えてくるかもしれない。まったく「乱れた」婚姻制度だと思う人もいるかもしれない。しかし、それが「自文化中心主義」なのである。一人の夫が複数の妻(女性)を持つということや一人の妻が複数の夫を持つ婚姻制度があるとしたら、その社会では「不倫」という言葉はかなり異なった意味になってくるであろう。

イスラム教の婚姻を見てみよう。イスラム教では、男は4人まで妻を持つことが許されている。これはどのようなことだと理解できるだろうか。イスラム教では、基本的に男が経済の担い手にならなければならない。女性は、家庭を守る役割を担う。コーランに「4人の妻を持ってよい」と書かれているが、同時に、平等に扱われなければならないとも書かれている。この扱うという言葉を「愛」に置き換えてもよい。「平等に『愛』しなさい」という解釈ができる。

平等に扱うというのはどのような意味をもっているのだろうか。コーランが成立した初期のイスラム時代は戦国時代であり、戦争で多くの男が命を失った。そこで、父親のない孤児とその母親である未亡人が急増する。ところが、イスラム社会のジェンダーでは女性は家庭を守るべきであるとして、孤児たちの母親である女性の社会参加を認めなかった。そこで孤児を抱えた母親たちは経済的に困窮する。その解決策として、戦争で生き残った男たちが複数の妻を娶り、その孤児たちを救うべきだとコーランに書かれたのである。

この「救う」という言葉も「愛」に置き換えることができるのではないだろうか。夫はその富を複数の妻に平等に分配しなければならなかった。これが「平等に扱われなければならない」の意味である。いわば当時のイスラム社会の一夫多妻婚は経済制度、社会福祉制度であったのだ。ここで妻たちを経済的に支えるという行為を「愛」とは言えないだろうか。

　人は愛してもいない人を経済的に支えるだろうか。そうすると「平等に扱われなければならない」ということは、複数の妻を「平等に愛しなさい」という意味に解釈できないだろうか。この状況に限定すれば、「愛」と「経済力」は置き換え可能な概念に見えてくるのではないだろうか。

　まったく異なった解釈が可能な一妻多夫婚に関する報告がある。アメリカの文化人類学者ラルフ・リントン〔Ralph Linton, 1893-1953〕は、1920年代に、タヒチ島の北東約1700キロのところにある、マルケサス島の調査をした。島民は、産まれた子供（主に女子）を間引きする習慣がある。そのために子供の数、特に女子の数が少ない。そこで、子供の頃から一人の女の子が複数の男の子と交際するのが「当たり前」になっている。その結果、結婚も一人の女性が複数の夫を持つ形態ができた。

　しかし、この島でも相続は父親から息子へと引き継がれる。男子が成長し、相続した家に妻を迎え入れるのが結婚後の居住形態である。ここで、マルケサス島民に特徴的なことがある。婚姻時に、妻は、それまで交際のある男性を一緒に連れて嫁いでくるということである。家を相続した夫は家長となり、妻が連れてきた他の夫たちは、労働力となる。つまり、妻の連れてきた夫たちの数が多ければ多いほどその家は、豊かな労働力を持つ豊かな家となるのである。

　以上、複婚についてその成立理由を考えてきたが、現実には様々な人間関係が存在し、複雑な人間模様を呈することが考え

られる。以下の事例を読んで読者に考えていただきたい。

【事例3-1】
　塚田健一著『文化人類学の冒険』にアフリカの一夫多妻婚の「現実」を記述している部分がある。以下がその内容である。あなたはどのように感じるだろうか。

> 　ザンビア北西部、カフワレ村に暮らすサムンゴレさんに三人の奥さんがいた。一週間ほど彼の家の居間に泊めてもらうことになった。その家は三部屋に仕切られていて、真ん中が居間、両側が第一夫人と第二夫人の部屋、第三夫人は少し離れた小さな家をあてがわれていた。
> 　さて、毎夜寝袋にくるまり、僕は何を考えたか。一夫多妻というものの残酷さである。三人の夫人の寝室はサムンゴレさんの寝室でもあった。平均して二日ずつ彼は三つの寝室を順々に替えた。彼の家は、屋根はあるが天井がない。三部屋の仕切りの上は同一空間である。だから、夫婦間の夜のプライベートな会話がもう二人の夫人にまる聞こえになる。これはまことに残酷に映った。
> 　ところが朝になると、みな平然としている。おそらく三人の夫人は内面をえぐり出して見せたら、嫉妬と憎悪で大変なことになるであろうが、三人ともそれを抑えてさりげなく生きている。その緊張関係の中で巧みに共生していくのが、アフリカ女性の知恵なのだと僕には映った。
> （塚田健一2014年『文化人類学の冒険』pp.42-43春秋社、一部割愛、一部改）

第4節　その他の婚姻とその文化的背景

　次の問を考えてみよう。

〈問 3-5〉

> もしも、あなたは、「同性の人」と結婚しなさい、といわれたり、「亡くなった人」と結婚しなさいといわれたりしたらどのように感じるだろうか。

あなたは、結婚相手に様々な理想を持っているだろう。「優しい人」や「思いやりのある人」などを思い浮かべるかもしれない。しかし、もしも「優しい人」や「思いやりのある人」という相手が同性であったり、亡くなった人であったりしたら冗談ではないと思うだろう。

ところが、世界に目を向けてみると、結婚の相手にはさまざまな場合があるのだ。私たちの「文化」では、異性と結婚するのが「当たり前」だが、ジェンダーのところで述べたように、ヌアー族をはじめとするいくつかの地域集団には、女性同士が結婚する「女性婚」の慣習がある。現在、産業化された社会でも、同性婚（男性同士または女性同士による婚姻）が社会的認知を受けつつある。例えば、2015年6月26日の連邦最高裁判決により、アメリカ合衆国全州で同性婚が認められた。その時点で、合衆国の36の州で同性婚が合法化されている。

また、ヌアー族には、ある男性がその求婚した女性の集団に牛を婚資として与えた後に死亡した場合、その男性の代わりとして彼の兄弟が死んだ男性の名前を名乗り、結婚する慣習がある。それは、「亡霊婚」と呼ばれる婚姻形態である。人々は、この婚姻は亡くなった男性が行ったものと見なすのである。また、生まれた子供のペイター（社会学的父）はあくまでも死者である。ここにも、子供から見て「父親というのは、母親の集団に牛を贈った人のことである」というヌアー族のルールが生きているのである。

死亡した者との婚姻という形態といえば、漢民族の「冥婚」と呼ばれる慣習がよく知られている。漢民族の考え方の中に、

第3章　婚姻　75

「人は、未婚で死ぬことは、絶対の不幸である」とする信念がある。死んだ者の霊は、その子孫によって祭られなければならないと考えられているからだ。だから、結婚せずに死んだ者に対しては、葬儀や死後の祭祀を行うことはない。

そうなると、未婚のまま死者となった者の霊は浮かばれず、この世に不幸をもたらすということになる。そのために、未婚のままで亡くなった者のために特別な結婚式があげられる。この結婚を冥婚という。冥婚の新郎新婦は、二人とも死亡している場合や男女いずれかが死亡している場合がある。そして、冥婚を通じて、ある子供と養子縁組みをすることになっている。その養子縁組により、死者たちは、「子孫」を獲得し、その祖先となることができる。それにより、死者は子孫によって祭られることになるのである。

さて、この章の最後に第2章の最初の問を再び考えてみよう。

(問3-5)

> ある少年が怪我をした。それを知った父親が救急車を呼んだ。救急車がやってきて、その父親と少年を乗せて病院へ運んだ。病院に運ばれた少年を見て、救急担当の医師が驚いて言った。「この子は私の息子です」。このことからこの少年と担当医の関係は何か分かるだろうか。

ジェンダーの章における「正解」は、「救急担当医は母親だった」というものであった。この答えを基本に、できるだけ多くの答えを出してみよう。今回、婚姻の章で学んだ視点を用いると多様な回答が考えられるはずである。

例えば、まずは、第2章の答えのように、(答えの例1)一夫一妻婚が行われている社会の場合、当然のように、担当医は女性

で、母親と考えられる。しかし、それだけではない。もしも一妻多夫婚が行われている社会の場合、(答えの例2)医師はジェニター（生物学的父親）で、救急車を呼んだのは少年の母親のもう一人の夫である可能性があり、医師はあくまで男性とも考えられる。

また、女性婚が行われている社会の場合、(答えの例3)少年は「両親」双方と必ずしも生物学的つながりがない場合があり、救急車を呼んだ「父親」も「女性」で、救急担当医も「女性」で「母親」と考えられる。さらに、同性婚が認められている社会での場合、(答えの例4)少年は「両親」の養子である。同性婚なので、父親・母親という役割がジェンダーに対応しているか分からない。担当医が女性・男性どちらの可能性もあると考えられる。

さらに、担当医を男性だと固定して考えてみると、一夫一妻婚が行われている社会での場合、(答えの例5)母親は前夫と離婚していて、担当医はその前夫で少年の生物学的父である可能性がある。救急車を呼んだ父親は少年のペイター（社会・文化的父親）だと考えることもできる。さらに、少し法律違反の可能性もあることを考えてみると、一夫一妻婚が行われている社会での場合、(答えの例6)母親はその担当医と不倫関係にあり、少年はその結果生まれた婚外子である可能性がある。そうなると、担当医は少年の生物学的父親である、とも考えられる。

以上のように、「ジェンダー」ではなく、「婚姻」に焦点を当てて考えていくと、答えは一つではなく、多くの可能性が考えられる。

本章では、人類社会には様々な婚姻の形態やルールがあることを学んだ。同時に、親子や家族というパターンも様々なかたちをとることを理解したはずである。そう考えると、親子・家族という言葉も様々な可能性を含んでおり、人間関係に関する多様なものの見方が可能になってくるのである。

【参考文献】

ウェスターマーク、E・A『人類婚姻史』江守五夫［訳］社会思想社 1970 年［原著 *The History of Human Marriage*, 1891］

塚田健一『文化人類学の冒険』春秋社 2014 年

マリノフスキー、ブロニスロウ・キャスパー『性・家族・社会』梶原景昭［訳］人文書院 1993 年

リントン、ラルフ『文化の起源と発達』青山富士夫［訳］北星堂書店 1991 年

レヴィ＝ストロース、クロード『親族の基本構造』福井和美［訳］青弓社 2000 年

第 4 章

通過儀礼

なぜ「子供」と「大人」を区別するのか？

「文化」とはその集団の共通する「決まりごと」だということを第1章で学んだ。第2章では、ジェンダーとは「文化は分類する」ということから生まれた概念だということを学び、普遍的で絶対正しい分類法など存在しないことを確認した。第3章では、この各集団が分類した男女の概念が「婚姻」という制度を通してどのように関係していくのかを考えた。

　本章では、これまで考えてきたものの見方をもとに、特定の集団に共通する「決まりごと」が、人々の認識にどのような影響を与えるのか考える。さらに、なぜ人は「分類する」のかということについて、「通過儀礼」という慣習を通して考えていきたい。本章の基本となる問いは「日本の成人式は通過儀礼か？」である。この問いを念頭においてこの章を進めていこう。

第1節　「区切る」ことと「分類する」こと

　次の問から考えていこう。

（問4-1）

1年には、12ヵ月あるが、日本では四季に分けることができる。そこで、春夏秋冬の四つの季節に3ヵ月ずつ当てはめるとそれぞれどのようになるか。また、「暑い」「寒い」「暖かい」「涼しい」という形容詞をそれぞれの季節に当てはめてみなさい。
春（　　月　　月　　月）→「　　　　　」
夏（　　月　　月　　月）→「　　　　　」
秋（　　月　　月　　月）→「　　　　　」
冬（　　月　　月　　月）→「　　　　　」

　こんな季節の問題が文化人類学とどのような関係があるのかと不思議に思う人もいるかもしれないが、一緒に考えてもらいたい。さて、最も一般的な答えは、春が3月4月5月、夏が6

月7月8月、秋が9月10月11月、冬が12月1月2月ということになり、さらに、春が「暖かい」、夏が「暑い」、秋が「涼しい」、冬が「寒い」ということになるだろう。これが私たちの「当たり前」である。

　少し考えてみただけでも分かることが一つある。それは、例えば、4月1日は、春だから、「暖かい」はずだが、常にそうではない可能性があるということである。年によっては、「寒い」4月1日もあるかもしれないし、「暑い」4月1日もあるかもしれない。また、季節に関係なく、ある一日を取り上げてみても「朝は寒く、昼は暖かく、夜は涼しい」という日もある。つまり、私たちは、先ほどの「当たり前」通りに実感しているわけではないのである。

　これらの「当たり前」もまた、社会が決めたことなのだ。言い換えれば、一年という期間は、四つの季節には収まらない多様な変化をしていて、もともとは、どこにも区切りがないのである。本来はどこにも区切りがないところに区切りを入れるという行為も「文化」の持つ性質なのである。

　別の角度から見てみれば、上の答えは日本においての「当たり前」であって、南半球だったら全く逆になってしまうだろうし、アフリカなどでは、「雨季」と「乾季」しかない地域もあるので四つには分けられないだろう。ここまでくると、四季があるということ自体、世界の常識ではないと気づくであろう。

　しかしながら、四季がない地域、例えば、先ほどのアフリカでも「雨季」と「乾季」という2つの季節の「区切り」は存在する。ゆえに、そこに「決まり」は存在するのである。そして、「雨季」に晴れる日だってあるだろうし、「乾季」に雨が降ることもあるかもしれない。しかし、人々は「雨季」と「乾季」という二つの季節に「区切り」を入れ、それぞれの季節に合った生活を営むことに「決めた」のである。

第2節 区切ることと分類することと「通過儀礼」

「区切る」ということを念頭に置いて次の問を考えてみよう。

(問 4-2)

> あなたはいつ生まれたのだろうか。あなたはいつ大人になるのだろうか。あなたはいつ老人になるのだろうか。そして、あなたはいつ（どのような状態の時に）死んだといえるのだろうか。

あなたは、「いつ生まれたのですか」と訊かれたら、「誕生日に生まれた」と答えるかもしれない。その次の年の誕生日からあなたは一歳ずつ年をとっていくのである。では、「生命」としてのあなたはいつ始まったのだろうか。あなたという生命は、あなたが生まれた日よりも前には、存在しなかったのだろうか。いや、存在していたはずである。お母さんのお腹の中にいた時からあなたの生命は始まっている。誕生日から始まったことにしているのは法律上、もしくは制度上（これも「決まりごと」である）にすぎないのである。

あなたが大人になるのは、法律上、20歳だと答えるかもしれない。それでは、19歳と11ヵ月と30日目のあなたと、20歳と1日目のあなたでは生物学的にどのように違うのだろうか。たった一日の違いで「子供」と「大人」といえるほど明確な変化をしているだろうか。してはいない。ヒトは生まれてから毎日極めて微細な変化を繰り返し、その変化の繰り返しの結果として「大人」としての身体を持つにいたるのである。決して一日のうちで突然に変化するのではない。「大人」になるということは生物学的な事実ではなく、集団ごとに異なる「決まりごと」すなわち「文化」の領域なのである。

次に、いつ「老人」になるのか考えてみよう。日本では、現在は65歳以上が社会的に「老人」ということになっている。「老

年」を過ごすための年金も65歳になったらもらえる。しかし、これも法律上の問題である。実際の外見上の問題として、65歳でも若々しい人もいれば、30代でもすっかり老け込んでいる人もいる。そうすると、その個人や周囲の人々の実感とは異なったところに「老人」という枠組みが存在することになる。

「死」とは、どのような状態をいうのだろうか。呼吸が停止した時だろうか。脳波が反応しなくなった時だろうか。それとも心臓が止まった時だろうか。死の順序としては一般に、①肺機能の停止、②心臓機能の停止、③脳機能の停止という順序をたどるが、医療機械の発達により、脳の機能は全て失われている状態だが、人工呼吸器によって心臓を動かせている状態が発生した。これを脳死という。この状態では心臓が動いているので、見た目は寝ているように見える。しかし元に戻ることはなく、機械を外せば心停止を迎えることになる。

現在でも脳死を人の死とするかどうか、日本人が全員一致した考えを持っているわけではない。しかし、1992年の脳死臨調が「脳死の状態が人間の死の状態」と決定し、1997年6月17日、議員立法により「臓器の移植に関する法律（臓器移植法）」が成立し、同年10月16日から施行された。まさしく死というものが「決まりごと」という側面があることを象徴的に表している。

ゆえに、どこの「文化」にも子供、青年、中年、老人、そして死といった「区切り」が存在しているように思われるが、その期間やその価値は共通しているわけではなく、ある場合には、その区切りの一部が存在しない場合すらある。

例えば、フランスの歴史学者フィリップ・アリエス〔Philippe Ariès, 1914-1984〕によれば、ヨーロッパの中世においては、今日私たちが考えるような「子供」という時期や概念すら存在していなかった。当時、「子供」は「不完全な大人」として扱われ、その不完全さを矯正するために、時には鞭などを使った厳しい体罰が与えられたことがよくあったという。そのため、「成人

すること」を意味するヨーロッパの言葉には、「奴隷解放」を意味する語（英語に訳せばemancipation――親の束縛からの解放）が使われている。

　このように見てくると、どこにも区切りのない人間の一生に区切りをつけて「子供」や「大人」と決めることは、生物学的な根拠によるのではなく、極めて社会制度的であり、「文化」的な行為なのだということが分かる。私たちは、子供という時期が生物学的に存在すると思いこんでいるが、「子供」というのも一つの「概念」であり、「カテゴリー」なのである。

　このことから、一年という時間のどこにも区切りがないのと同じように、人間の一生にも絶対の区切りなどないことが分かる。そして、「春」「夏」「秋」「冬」と「季節」を区切り、名付けたように、人間の一生という時間の連続に区切りがつけられ、「誕生」「子供」「大人」「老人」「死」と名付けられる。その名付けられた区切りは、「子供」「青年」「中年」といった役割やイメージを人工的に作り出す文化的な装置となる。では、なぜこのような区切りが必要なのだろうか。

　その問題を考える前に、ここで少し方向を変えて、区切ることと「浄」「不浄」について考えておこう。次の二つの事例からどのようなことが理解できるだろうか。

(問 4-3-1)

> あなたは大好きな人の髪の毛を見て「きたない」と思うだろうか。いや、「きれい」だと思うだろう。（相手が清潔にしているということを前提にしておく）。あなたは、ひょっとしたら相手の髪の毛にキスをしたくなることもあるかもしれない。それは、決して不潔な行為ではない。自然なことである。しかし、その「髪の毛」が自分の食べようとしている「ご飯」の中に入っていたとしよう。あなたは、その「髪の毛」を「きれい」だと思うだ

> ろうか(これも相手が清潔にしているということを前提にしよう)。「髪の毛」それ自体がどんなに清潔な状態であっても、ご飯の中の「髪の毛」は「きたない」のである。おなじ髪の毛なのに一方では「きれい」だと思い、一方では「きたない」と感じる。その違いに作用しているものは一体何なのだろうか。

　この理由をイギリスの人類学者メアリ・ダグラス〔Mary Douglas, 1921-2007〕は次のように説明する。様々な社会で「きたない」を決めているのは、そのモノがどこに置かれるのが「当たり前」とされているかを基準とする。すなわち、その社会の「自明な規則の体系(『当たり前』と思うルールの体系)」によって決まるのである。だから、「文化」による「分類の秩序」によって、そこから「はずれたモノ」は、「きたないモノ」となってしまうというのだ。
　次の問を考えてみよう。

(問 4-3-2)

> 　別の例を出してみよう。例えば、買ったばかりの「きれい」な靴を考えてみよう。それを玄関に置くことに問題はないと思われる。では、廊下に置いておくのはどうだろう。これもまだ履いたことのない「きれい」な靴なら問題はない。しかし、これをテーブルの上に置くのはどうだろう。少し抵抗を感じ始める人がいるかもしれない。さらに、これを皿の上に置いたらどうだろう。まずほとんど全員が「きたない」と感じるだろう。いったいなぜなのだろうか？

　先の例の場合、靴は地面というカテゴリーに結びついている。それが、食べ物をのせる皿の上に置かれたら、皿の上にあるべきカテゴリーからはずれている。これが「きたない」という認識の土台となる。問にあった恋人の頭部に生えている「清潔な」

第4章　通過儀礼　　85

髪の毛が「きれい」なのは、そこにカテゴリーからの逸脱がないからである。同じ「清潔な」髪の毛であっても、ご飯の中に入っていたら、そこにカテゴリーからの逸脱が生じてしまうために「きたない」となってしまうのだ。カテゴリーからの逸脱により「不浄」や「不安定」が生じるということは、カテゴリーの逸脱以前に「秩序」が存在していることを意味している。

それは、髪の毛に、ある種の「文化的役割」を与えるという行為の結果ということになる。これにより、髪の毛はどこにあるときに正しく（きれい）、どこにあるときに間違っている（きたない）かが決められているのである。つまり、何を「きれい」なものとし、何を「きたない」ものと「決める」のかは、「文化」によって決められているのであり、そのモノ自体に備わった性質ではないのだ。例えば、「牛の糞」は「きたない」とほとんどの日本人は感じるが、アフリカの牧畜民の間では「牛の糞」が立派な建材として家の壁などに使われる。

「きれい」とか「きたない」と感じるのは、その「モノ」に本来そなわった性質ではなく、その「モノ」がおかれた条件、まわりとの「関係」によって決まる。「きれい」「きたない」という概念は普遍的で絶対なものでなく、各「文化」によって決められているのである。その「モノ」に本来そなわった性質ではなく、その「モノ」とまわりとの「関係」を結びつけるルール、すなわち「文化」によって決められる。そして、そのルールを共有することが、そのルールを生み出した社会に「秩序」を与えているのである。

第3節　役割と社会秩序——通過儀礼を行う理由1

(問4-4) 人類学者の調査による通過儀礼の古典的なものに、エヴァンズ゠プリチャード（Sir Edward Evan Evans-Pritchard, 1902-1973）が調査した東アフリカのヌアー族の有名な事例がある。次の「ガ

ル儀礼」の事例を読んで、なぜ通過儀礼が行われるのか、その理由を考えてみよう。

(通過儀礼の事例—1) ヌアー族の「ガル儀礼」

> エヴァンズ゠プリチャードによれば、ヌアー族には、14歳から16歳くらいになった少年たちが受ける儀礼で、「ガル儀礼」と呼ばれる過酷な施術を伴う成人儀礼がある。ある年に成人儀礼が行われるかどうかは、その年の牛乳や穀物の供給量にかかっている。成人儀礼が行われる年と決まると、少年は、施術を受けるのに父親の同意を求める。父親の許可が下りると、父親の年齢組(父親と一緒にガル儀礼を受けた男たち)の成員のところに行って、施術をしてくれるように頼む。
>
> 通常は、4人から12人の少年たちが一緒に儀礼をうける。その儀礼において、少年たちは、額の上にナイフで骨に達するほどの傷を左右の耳のところまで6本線を入れられる。この傷は頭蓋骨に達するほどの深さになる場合があるという。少年はこの額に6本の線を得ることによって「大人の男」とみなされ、少年たちの憧れのモラン(moran／戦士)となるわけである。施術が終わると、少年たちは、一時的に隔離される。その間、様々なタブーが課せられる。執刀の当日と隔離から解放される日には供犠が行われ祝宴が続く。最後に特別な儀式を経て隔離を終了する。

なぜこのような過酷な儀礼を行わなければならないのだろうか。まず明らかに考えられることは、この社会に「ちゃんとした大人」が必要だからだということである。自分の集団に牛が足りなくなった時に、自分の命を危険にさらしてまでして、牛を奪ってくる勇敢な大人の男が必要なのである。ではどのようにして大人の男を認定するのか。それには、大人の男にふさわしい勇気や忍耐力があることを人々の前で証明しなければならない。

その公的な証明として儀礼が存在するのである。ここでの儀

礼は、その儀礼に参加することが自明のこととして、「当たり前」の条件になっている。儀礼に参加しなければ大人の認証が与えられない。成人式に出席しなくても選挙権等の大人の権利が与えられる日本の事情とは大きく異なるのである。ここに儀礼自体の重さ、権威が見えてくる。それはそのまま儀礼の行われた後に与えられる社会的役割の重さ、権威の大きさでもあるのだ。

人間は、なぜ「子供」「大人」と区切るのだろうか。ここで先ほどのメアリ・ダグラスの指摘を用いて考えてみると、それは、人間の生活の基盤にある「文化」の性質によるということになる。すなわち、「文化」の持つ、世界を「秩序」づける働きによるということになる。人間の一生という、本来どこにも区切りがないところに区切りをつけて、カテゴリーを作りだし、その区別・分類されたものをシステムとして関係づけるのは、社会に秩序を与える方法なのである。人が社会の中で生きていく時に共有する認識の仕方を「文化」とすれば、この「区切る」という行為こそ「文化」をつくりだすプロセスの基盤にあることが分かる。

ここでは、「子供」「大人」という区分を作り出すことによって、人間の一生に時間的区切りに基づく役割が与えられることになる。それにより社会に秩序を与え、社会をシステムとして動かしていく基盤ができるのだ。これは、「文化」が持つ「分類し」「秩序づける」という働きによるのである。通過儀礼を行うことによって人は、社会的存在として一つのカテゴリーの中に位置づけられるわけである。

第4節　役割と社会秩序——通過儀礼を行う理由2

他の社会の通過儀礼の事例を見ていきながらさらに考察を進めていこう。

(問 4-5) 男性の成人儀礼だけでなく女性の成人儀礼の例もある。ライヘル＝ドルマトフによるアマゾンの熱帯雨林に住むデサナ族の事例を読んで、男性の成人儀礼と女性の成人儀礼の共通点と相違点を考えてみよう。

(通過儀礼の事例—2) デサナ族の成女儀礼

> 最初の月経があった時、デサナ族の少女は、成人儀礼をうけることになる。少女はこの儀礼を受けたあとに、結婚できる女性として認められる。儀礼は、彼女の親族によって準備される。はじめに、少女のために、マロカ（デサナ族の共同大家屋）の内部に、むしろを使った小さな小屋が作られる。そして、地面に灰がまかれる。少女は、この儀礼が行われる間（数日間に及ぶ）、小川で採られた小魚（儀礼的に「浄い」とされる食べ物）だけを食べる。飲み物は、一切とってはならない。一日に3回ほど儀礼を司るパイエと呼ばれるシャーマンが彼女を訪れる。パイエは、少女に向かって、タバコの煙を吹きかける。そのとき少女は、クマーレ椰子の繊維で紐を撚っている。パイエは少女の髪の毛を切り、その髪の毛を川に捨てる。そして、赤と黒で少女の体を塗る。
>
> 少女は、月経が終ると、小屋を出て、川で沐浴をし、マロカへ戻る。その時にパイエは、祈りを始める。そこには、小さな炉が作られている。その炉からとった燃えさしでマロカから船着き場までの行程を、煙を炊いて歩いていく。そして、船着き場では、神々の加護が少女にあるようにと祈りが捧げられる。さらに、マロカに戻ると、挨拶の儀礼が行なわれる。そこでは、神話と系譜が朗唱され、「文化」の規範を守るようにとの警告がなされる。酒が出される。少女がパイエに最初の酒を注ぐ。その後、少女の父親が列席者たちに酒を分ける。こうした儀礼の後に踊りが続く。　　　　　　（ライヘル＝ドルマトフ、1973）

「人間は、その文化による分類の秩序からはずれたモノに対して否定的反応をする」というメアリ・ダグラスの指摘を人間の一生にあてはめてみるとどのようになるだろうか。前述のように、人間は、通過儀礼を行うことによって、幼年期・成人期・

老年期・死といった区切りをつける。そして、その区切りは、子供・大人・老人・死者というカテゴリーを作り出す行為であった。

そうすると、本来は子供とも大人とも定まっていない連続した時間のどこかを区切り、ここまでが「子供」でここからが「大人」と区切ることによって、「子供とはこういうものだ」「大人とは、こういうものだ」というイメージを与えてカテゴリーを作りだす前提が生まれることになる。そうして、このカテゴリーからはずれた「子供らしくない子供」「大人らしくない大人」には、通常は、否定的感覚を持つということになる。

ところが、「子供」「大人」と分けている区切り、すなわち「子供」と「大人」の節目は「恣意的」に決められた人工的な「決まりごと」なのである。イギリスの人類学者エドモンド・リーチ〔Edmond Ronald Leach, 1910-1989〕は、この節目が必然的にある区切りではなく、人工の区切りであるという点に注目した。

その区切りは、人間が恣意的に作り出したものであるために、その区切りの周りに「あいまい」で、両方のカテゴリーにまたがるような「どっちつかず」の部分をつくりだしてしまうのだ。これが、リーチの指摘している点である。リーチは、この曖昧な部分を「境界領域」と呼んでいる。この「境界領域」は、人間を不安にさせ、社会の秩序を脅かす存在となる。それゆえに「境界領域」にあるものは危険視される、というのがリーチの主張である。そして、通過儀礼が行われるのは、この「境界領域」が危険と結びつけられるからだというのである。

リーチの主張をもとに考えてみれば、大人なのか子供なのかはっきりしない若者は危険な存在ということになる。その曖昧さを取り去り、秩序ある社会の一員とさせるために「通過儀礼」を行うと考えられるのである。その儀礼の過酷さの度合いは、その社会が曖昧な状態をどれほど危険視しているかによると考えられる。

例えば、同じ成人儀礼であっても、女子の場合はたいてい初潮といった生物学的変化をともなって「大人」の仲間入りをする。そのために、男子のような肉体に刻印をつけるような「過酷」な行為を受けないのが通常である。

ただし、集団によっては、成熟前の女子の曖昧さが「危険」であることを強調するために、「女子の割礼」（女性器切除 Female Genital Mutilation）としてクリトリスを切除するような行為を行う集団もあり（サーダウィ 1994）、世界的な問題となっている（コイタ 2007）。

第5節　通過儀礼のプロセス

ここで通過儀礼のプロセスを図式化すると以下のようになる。

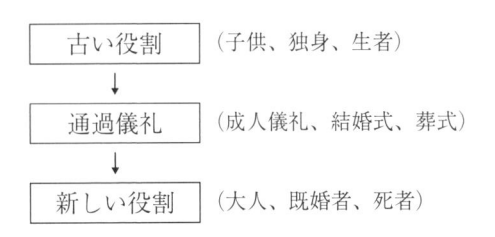

古い役割	（子供、独身、生者）
↓	
通過儀礼	（成人儀礼、結婚式、葬式）
↓	
新しい役割	（大人、既婚者、死者）

役割の変化に注目して通過儀礼をよく観察すると、個人に対し古い役割から新しい役割へと一瞬にして変更させるわけではないことが分かる。ファン・ヘネップ〔Arnold van Gennep, ヴァン・ジェネップとも表記される。1873-195〕は、そのことに気づき、儀礼を体系的に分析した最初の人類学者であった。「通過儀礼」という用語をはじめて用いたのも彼である。ファン・ヘネップは、儀礼というものは、個人や事物に新たな役割を与えて、もともとの所属集団に戻すはたらきがあることを見つけだした。

まず、古い「役割」から分離させるプロセスから始まる。それをファン・ヘネップは「分離の儀礼」と呼んだ。次にどの役

割も持たず新たな役割を待つ移行的プロセスがある。これを「過渡の儀礼」と呼ぶ。さらに、新しい役割を持った新たな存在としてもとの集団にもどる最終プロセスが待っている。これを「統合の儀礼」という。ファン・ヘネップは、あらゆる儀礼は、この三つのプロセスを踏むと指摘している。

RITES OF PASSAGE（通過儀礼）の3つのプロセス

① SEPARATION（分離）：古い役割から離れる状態
　　　　↓
② TRANSITION（過渡）：無限定な状態
　　　　↓
③ REINCORPORATION（統合）：新たな役割を得て社会に再び戻ってくる状態

この「分離」「過渡」「統合」の三段階を先の事例に当てはめてみよう。

ヌアー族の「ガル儀礼」における「分離」「過渡」「統合」

①（分離）：父親の許可が下りてから施術が行われるまで。少年の役割から分離
　　　　↓
②（過渡）：隔離された状態
　　　　↓
③（統合）：隔離から解放され、特別な儀式を受けた後。戦士の役割を獲得

デサナ族の通過儀礼における「分離」「過渡」「統合」

① (分離)：小屋が建てられ、少女がそこに入る。少女の役割から分離

　　↓

② (過渡)：数日間飲み物をとらずに指定された食物だけを食べる

　　↓

③ (統合)：小屋を出て川で沐浴しマロカへ戻る。大人の女性の役割獲得

(通過儀礼の事例—3) インドネシア：ベラワン族の場合

> 　インドネシアのベラワン社会では、死者は、生者によって死者の国に生まれかわるとされている。生者は死者を最後まで見届ける。これは、彼らの遺体観に基づいて行われる。彼らは、霊魂が身体を離れると人が死んでしまうのだと考えている。この時点で人々は、一度儀礼を行う。死後の霊魂は生者の回りをさまよっているが、ある時点で精霊に変わると死者の国に行くことができると考えられている。死者の霊魂が精霊にかわるのは、遺体が完全に白骨化した時であるとされている。つまり、遺体の腐敗が終了して、白骨になった時、霊魂も精霊になると考えられているのである。
>
> 　死後、腐敗が始まって白骨になるまでの間、遺体は非常に危険な状態にあると考えられている。それは、邪悪な霊が遺体に入り込んで、怪物になるかもしれないからである。遺体の腐敗が速く進んで、速く白骨になることが望ましいとされている。この期間、人々は、遺体を埋葬せずに、身近に置いておく。それは、遺体に邪悪な霊が入り込まないように見守り、腐敗の進行を速めるための働きかけをするためである。
>
> 　遺体が完全に白骨になった時点で二度目の葬式を行う。この儀礼は、死者が死者の国に生まれ変ることができるお祝いのお祭り騒ぎである。連日お祭り騒ぎで死者の霊を呼出し、歌で死者の国への道案内をし、最終的に安置する場所に遺骨を納めて、儀礼はすべて終了する。

事例2のベラワン族の葬儀における「分離」「過渡」「統合」を示すと以下のようになる。

① （分離）：遺体となる。生者の役割から分離
　　↓
② （過渡）：腐敗が始まって白骨になるまでの間
　　↓
③ （統合）：遺体が完全に白骨になって二度目の葬式を終了。死者の役割獲得

第6節　日本の成人式は通過儀礼か？

ここまで考えてきたことをもとに、日本の成人式は通過儀礼か、考えてみよう。

(問4-6) 次のシクリン族の「ハチの巣たたきの儀式」という事例を読んで、その後の日本の成人式に関する新聞記事の事例と比較して、日本の成人式が通過儀礼といえるか考えてみよう。

(通過儀礼の事例—4) シクリン族の「ハチの巣たたきの儀式」

> アマゾン奥地の熱帯雨林が生い茂るバカジャ川流域に、200人くらいのインディオ、シクリン族が生活している。そのシクリン族の若者の試練の一つに、マリブンドバチの巣を素手でたたく儀式がある。男の子は12歳位までに母親のもとから離され、母方のおじの家で寝起きをし、何年もの間、狩りや戦闘の技を学ぶ。時には、勇気を養うために、スズメバチに似たマリブンドバチを生きたまま入れた樹液を体中に塗りつけられる。密林の中の高さ3メートル位の枝に、楕円形の巣があり、ハチがブンブン飛び回っている。
>
> 翌日、シクリン族の戦士達は、体に赤や黒の染料で彩色をして、棍棒を手にし、円形広場に集まって来た。緑のインコの羽

根製頭飾りや貝の首飾りをつけた「お祭じいさん」がマラカスを鳴らすと30人位の戦士の集団が密林に向けて行進を始めた。その中に、黒々と人体彩色を施した3人の若者も混じっていて、これから「ハチの巣たたき」に挑戦するのだ。密林の一角に着くと、突然、若者達がハチの巣めがけて走り始めた。足場をかけ上り「バシッ」と素手で巣をたたいて全速力で逃げ帰る。しかし何十匹ものマリブンドバチが彼らを追いかけ体中を刺しまくった。

　円形広場に戻ると、勇敢な若者達は、ヤシの葉で編んだゴザの上に寝てウンウンうなっている。体中、赤く膨れ上り、デコボコになっている。年老いた女が、タバコの煙を若者達の患部に吹きかけている。彼らは三日三晩苦しんでいたが、厳しい試練をくぐり抜け、栄ある戦士の地位を自力で勝ち得たのであった。

　アマゾンの部族社会では、成人式は通過儀礼の中でも、ひときわ重要な位置を占めている。熱帯雨林に住むインディオの成人男子は、心身共に強くあらねばならない宿命にある。そのときふと、飽食の時代に生まれ育ち、苦労もしないで成人式を迎える日本の若者達のことが私の頭をよぎった。（山口吉彦　月刊『みんぱく』1994年12月号、一部改）

シクリン族の通過儀礼における「分離」「過渡」「統合」

① (分離)：12歳になり、母方のオジの家に移り住む。少年の
　　　　　役割から分離
　　　　　↓
② (過渡)：狩りや戦闘の技を学ぶ。ハチの巣たたきの儀式を
　　　　　うける
　　　　　↓
③ (統合)：儀式を終え、戦士の役割の獲得

第4章　通過儀礼

近年の日本の成人式の事例

1.
　長崎市の「二十歳のつどい」。酒に酔った新成人ら数人が突然、壇上に上がってアトラクションの手品ショーを遮り、手品師の前で騒いだり、女性助手を抱え上げたりの大騒ぎをした。壇上に上がった建設会社員の男性は「目立ちたかったし、もう十代の自由はないと思ってやった。式典は無礼講で、悪いとは思っていない」。
　会場は、伊藤一長市長があいさつの冒頭、「しばらくこちらに顔を向けて下さい」と呼びかけるほど騒然としていた。「かっこいいー」「市長さん、こっち向いてぇ」と大声で叫ぶ女性もいたほか、一升びんを片手に飲酒したり、喫煙コーナー以外で喫煙したり。果ては会場内で、新成人同士のけんかも起き、交通整理などで出動していた警察官に制止された。
　山口市の「新成人のつどい」でも、式終了直前の万歳三唱と閉式の言葉の際、三人の若者が順番に舞台に上がり、座禅を組むポーズをしたり、舞台から飛び降りたりした。一人はウサギの耳をかたどった帽子のようなものを着けていた。
　福岡県直方市は、例年のマナーの悪さに困り果て、式を申込制にした。それでも、一部が大声で私語を交わしたり、携帯電話の呼び出し音が鳴ったり。有吉威市長はたまらず、あいさつを中断して「少し黙りなさい」。それでもやめない若者に市教委職員が注意すると、口ごたえする者もいた。このほか、各地の会場内外でたばこの吸い殻の投げ捨て、飲み散らかし、食べ散らかし、会場周辺での信号無視など、新成人のマナーの悪さが目立った。　　　　　（1997年01月16日付『朝日新聞』西部本社版朝刊）

2.
　大阪市の橋下徹市長（44）が13日、同市淀川区で行われた「成人の日記念のつどい」を訪れ祝辞を述べた際に、拡声器を持って騒ぎ立てた新成人とみられる7、8人の男性グループに退場を命じるハプニングが起こった。（2014年1月13日『スポーツ報知』）

今日の「成人式」の原型は、1946年（昭和21年）11月22日に埼玉県北足立郡蕨町（現：蕨市）で行われた「青年祭」にあるといわれている。当時の日本は、敗戦により、将来に希望を抱くのが困難な状況であった。そこで、青年たちを励ますため、当時、蕨町青年団長であった高橋庄次郎が青年祭を企画した。この青年祭のプログラムとして「成年式」が挙行されたのである。これが日本全国に広まって、現在の成人式として定着していったといわれている。発祥の地を意識してか、現在でも蕨市では「成人式」ではなく「成年式」と呼ばれているという。蕨町で初めて行われた成年式の2年後の1948年（昭和23年）に1月15日が「成人の日」と定められ、国民の祝日として制定された。その趣旨も「成人（満20歳）になったことを自覚し、自ら生き抜こうとする成年を祝い、励ます」という内容である。

　このことからも分かるように、その発祥時から、日本における「成人式」は「役割」の変換を行うものではなかった。それは、暗い時代背景の中、若者たちを「励ます」ことを目的としていた祝典であり、「大人」の役割をあたえるための儀礼ではなかったのである。従って、成人式に参加したことにより「大人」としての公的な承認が得られるわけでもない。また、「免許」のようなものが与えられるわけでもないし、身体の一部に大人の印としての「刻印」が記され、「大人」としての装飾品や服装を身に付けるようになるわけでもないのである。

　それに対し、古来の「元服」は世界の他の集団の通過儀礼と共通するところがある。元服とは、奈良時代以降の日本において、主に男子の成人を示すものとして行われていた儀式である。「元」は「首／頭」、「服」は「着用」を表すので、「頭に冠をつける」という意味になる。加冠（かかん）や初冠（ういこうぶり）という語も用いられる。その内容は、数え年で12-16歳の男子が式において、氏神の社前で大人の服に改め、子供の髪型を改めて大人の髪を結い、冠（烏帽子（えぼし））をつける、というものであった。この儀礼を受けた以

降は外見上も儀礼以前とは異なる髪型や服装となり、異なる名前とともに大人としての役割が与えられたのである。しかし、明治以降の急激な西洋化とともに儀礼としての元服は次第に姿を消していった。多くの日本人が元服を成人式のルーツと考えているが、実際の関連性はなく、全くの誤解であることが分かる。

　伝統社会の通過儀礼の事例を見てきたことで理解できるように、通過儀礼には二つの要素が求められている。第一に、通過儀礼は儀礼自体にある種の権威がなければならないことである。その儀礼の執行者に反抗することなど考えられないほどの権威が必要である。ガル儀礼でも、なぜ少年たちは素直に儀礼の執行者に従うのか。それは、その儀礼自体に権威があるからである。第二に、儀礼を受けた後に与えられる役割を、受ける側が望んでいることも必要である。例えば、ガル儀礼を受けた後に与えられる大人としての権利やモラン（戦士）として注がれる他者からの尊敬の念を（通過儀礼として）施術をうける少年たちは望んでいるのである。

　その意味で、高度に産業化された現代の日本においては、成人式よりも、むしろ、医師、看護師、弁護士などの国家試験や入社試験のほうが通過儀礼としての働きを持っているとはいえないだろうか。国家試験は、それに合格することによって初めて医師、看護師、弁護士としての役割が与えられる前提ができる。国家試験を受けない者には入社試験がある。入社試験に合格して採用されることによって、初めて職業をもった「大人」としての「役割」が与えられる。ある儀式や制度を「通過儀礼」と捉えるか否かは時代背景も大きく影響していると考えられる。

　本章では、四季の例から初め、自然界を区切り、その区切りに共通のイメージを与える行為が「文化」の基本にあることを指摘した。そしてそれを人の一生に区切りを入れる行為に置き

換えて、区切りを入れ一定のイメージ（役割を与える行為）という「決まりごと」が一定の集団の人々に共通の認識を与え、それが人々の住む社会に「秩序」をもたらすということを確認した。さらに、なぜ人は「分類する」のかということについて、「通過儀礼」という慣習を通して考えた。そして日本の成人式が参加者に新たな役割を与える権威をもたないことから「通過儀礼」としての機能を持たないことを確認した。

　このように見ていくと、現代の日本では、職業を得るための試験が大人になるための通過儀礼の機能を備えている可能性がある。現代の日本人は、より多くの時間をかけ、自分の職業という社会的「役割」を通じて社会に参加し、「大人」の「役割」を自覚するようになっていくのかもしれない。

【参考文献】

『朝日新聞』西部本社版朝刊　1997年1月16日

アリエス、フィリップ『〈子供〉の誕生——アンシァン・レジーム期の子供と家族生活』杉山光信・杉山恵美子［訳］　みすず書房1980年

ヴァン・ジェネップ、アルノルド『通過儀礼』綾部恒雄・綾部裕子訳　新思索社1999年（アルノルト・ファン・ヘネップ『通過儀礼』綾部恒雄・綾部裕子［訳］岩波文庫2012年）

エヴァンズ=プリチャード、エドワード・E『ヌアー族——ナイル系一民族の生業形態と政治制度の調査記録』向井元子［訳］平凡社ライブラリー1997年

月刊『みんぱく』1992年12月号　国立民族学博物館1992年

コイタ、キャディ『切除されて』松本百合子［訳］ヴィレッジブックス2007年

サーダウィ、ナワル・エル『イヴの隠れた顔——アラブ世界の女たち』村上真弓［訳］未來社　新装版1994年

スポーツ報知　2014年1月13日

ダグラス、メアリ『汚穢と禁忌』塚本利明［訳］ちくま学芸文庫 2009年
ライヘル＝ドルマトフ『デサナ——アマゾンの性と宗教のシンボリズム』寺田和夫・友枝啓泰［訳］岩波書店 1973 年
リーチ、エドマンド『文化とコミュニケーション——構造人類学入門』青木保・宮坂敬三［訳］（文化人類学叢書）紀伊國屋書店 1981 年

第 5 章
環境と文化

なぜ「自然」と「人工」を区別するのか？

これまでの章で、私たちは、「文化」というものは、特定の集団に共通する強い影響力を持った「決まりごと」であり、それが、人々の認識にも決定的な影響力を持っているということを知った。本章では、引き続き「認識の仕方」に焦点を当てたい。
　私たちが「あるもの」に対して、それが存在していると「当たり前」に「現実」として捉えている時、その「現実」は「文化」の強い影響を受けている。しかし、それが「当たり前」すぎて、私たちはそのからくりに気づかない。繰り返しになるが、それが本書で言う「文化」なのである。通常私たちは、「自然」や「環境」というものが「当たり前」に存在していると思っている。しかし、本当にそうなのだろうか。

第1節　自然は実在するか？
——カテゴリーとしての「自然」

　次の問を考えみよう。

(問 5-1)

> 　自然は実体として実際に目に見えるものとして存在するだろうか。存在するとしたら、具体的にどのようなものが自然として思い浮かぶだろうか。

　存在しないと答えた人は、ここで終わりとしよう。そう答えた理由を聞いてみたいが、本書は書物なので、それはできない。存在すると答えた人が後の問に進むことにしよう。
　存在すると答えた人の中には、山、川、木、海、草、森、動物などを思い浮かべる人が多いかもしれない。それでは、引き続き次の問に答えてみよう。

〔問 5-2〕
　以下に列挙する語を「自然ではないもの」と「自然のもの」に分けてみよう。

(1) 山	(2) 家	(3) 川	(4) 靴	(5) 木
(6) 車	(7) 海	(8) 庭	(9) 草	(10) 森
(11) 池	(12) 道	(13) 火	(14) 船	(15) 鳥

| 「自然でないもの」 |
| 「自然のもの」 |

　あなたは、「自然でないもの」に家、靴、車、船を選んでいるのではないだろうか。その理由は何だろう。それは人間が作ったものだから、と考えているかも知れない。それらは、みな自然界に元来存在したものではないからである。そう考えると、庭、道、池、火が問題になる。池は自然にできた池もあれば、人間が造った池もある。道にしても獣道のように人間以外の動物によって造られた道もあれば、人間が造った道もある。火もおなじように、太陽の火などは、自然の火かもしれないが、ライターの火は自然の火といえるだろうか。どうも、はっきりと言えそうにない。

　一方、「自然のもの」には、山、川、木、海、草、森、などを入れた人がほとんどだろう。深い山、それは自然といえるだろう。しかし、その山に一人の男が住みついたとする。彼はそこに家を建て、ソーラーパワーを使って電気をおこし、モーターを回して水をくみ上げ、その山で暮らすようになった。その時の、その山は自然だろうか。まだ、自然といえるかもしれない。ところが、その男の生活を多くの人が真似て、その山に住み始

第 5 章　環境と文化　　103

めたとする。10軒、20軒と家が建っていき、やがて100軒の家が建ったとする。道路が整備され、上下水道が完備され、より快適に人が住めるようになった。その時、あなたは、その山を自然の山と考えるだろうか。

さらに、人がめったに足を踏み入れることがない山の奥深くに湧き出る清水を思い浮かべてみよう。この清水は自然だろうか。普通は、そう思うだろう。それでは、山奥の清水の流れを追ってみよう。山奥の清水が下流に流れて川になる。この川の水は自然といえるだろうか。いえるかもしれない。ところが、この川がさらに下流に流れていき、工場の排水や各家庭から生活排水が流されて来ることになる。この下流の水は自然といえるだろうか。

水自体は人間が作ったものではないので自然といえるかもしれないが、工場排水や生活排水を自然の水と呼ぶことは難しいだろう。すると、この川全体は自然といえるのか、いえないのか。下流にある水のどこからどこまでが自然でどこからどこまでが自然でないと断定できるのだろうか。

水道の水はどうだろう。洗剤で食器などを洗った後の水はどうなのだろう。同じ「水」でも自然の水といえるだろうか。どうもいえそうにない。

同じように、木を考えてみよう。人が足を踏み入れることが困難な山奥に生えている木は自然だろうか。たぶん、あなたも自然と考えているだろう。それでは、それを植木屋さんが見つけて穴を掘り、根から抜き取ってあなたの近所の公園に植えたとする。その木は自然の木といえるだろうか。たしかに、その木は人間が作ったものではない。雨や太陽の力を借りて自然に大きくなっていくかもしれない。しかし、明らかに人間が運んできて、本来ならなかった場所に植えられた事実がある。この木は自然といえるのだろうか。

ここで見えてくることは、「自然」とは、山や川、木や道を

見ている私たちが頭の中で「ここまでは自然だ」とか「ここからは自然ではない」などと判断する場合の「基準」だということである。そう考えると、「『基準』とは具体的なモノではない」から「実体としての自然は実在しない」ということになる。

この場合、「自然」というのは、通過儀礼の章（第4章）で出てきた「ここから春」とか、「ここから冬」と一年を「区切るもの」と同じようなはたらきをしている。言い換えれば、「自然」とは「ここから自然、ここからは自然ではない」と区切る時に用いられる「概念」なのであり、区切った後にできあがった一つのイメージもしくはカテゴリーなのである。

さらに、ジェンダーの章で学んだ二項対立を用いて捉えなおしてみると、産業化された日本社会に住む私たちは、「自然：人工」という構図を思い浮かべるかもしれない。そこで、筆者が「実体としての『人工』は、存在するだろうか？」と質問したら、あなたは「『人工』とは一つの概念であり、『人工』それ自体が実体として存在するわけではない」と答えるのではないだろうか。だとすれば、「自然」という言葉も同じだということが理解できるだろう。「自然」とは、「人工」と対立した概念として存在する、ひとつのカテゴリーであり、「ものの見方である」といえるのだ。今まで述べてきたように、概念やカテゴリーは、集団の中で人々が共有しなければ存在しない。つまり、実体としては存在しないのである。

事実、明治以前の日本語には、これまで述べてきたような「自然」という概念はなかった。柳父章(1982)は、現代の日本人が使っている意味での「自然」という言葉は、明治時代以降に西欧語のnatureの翻訳語として使われるようになったと指摘している。明治以前にも「自然」という言葉はあったが、日本人は、「自然」という語を「じねん」と発音し、副詞または形容動詞の形で使っていた。

今でもこの使い方はある。例えば、「憧れの人の前に出たら、

自然に顔が赤くなってしまった」というような副詞としての使い方における「自然（に）」である。ところが、明治20年代以降になってnatureの翻訳の影響によって、「自然を満喫する」などの表現の中に使われる、名詞としての「自然」が現れたのである（柳父1982: 127-136）。

　現代の日本人が名詞として「自然」という言葉を使うとき、そこには、無意識に、ヨーロッパから輸入した「ものの見方」で見ているということになる。また、「文化」の章で説明したように、元来ヨーロッパでは、「自然」と対立する概念として「文化」が存在した。ヨーロッパ人は「文化」という概念を明確にするために（明治以降の日本人も）、人々を取り囲む環境に区切りを入れ「文化」「自然」という二つのカテゴリーを作り上げたのである。

　それでは、豊かな「自然」に恵まれた地域のイメージの強いアフリカの言語の場合はどうだろう。小田（1994）は、スワヒリ語の中にも、英語のnatureと全く同じような意味をもつ「自然」という言葉は存在しないと言っている。

　　たしかにスワヒリ語の辞書にはnatureの訳語がいくつか載ってはいるが、それらは、"マウンビィレ"［＝天性］、"アシリ"［＝起源］、"タビア"［＝習性］、"ハリ"［＝状態］などのように単にnatureという言葉を個別的に説明しているだけで、そのどれひとつとってみても、それだけではnatureの訳語（同じく、その翻訳語である日本語の「自然」の訳語）にはならないような言葉ばかりである。要するにnatureのすべての意味を一語ですべてカヴァーするような言葉が、そもそもスワヒリ語の中には存在しないのである。

　　　　　　　　　　　　　　　　　　　　　　　　（小田1994）

このように、明治以前の日本語やスワヒリ語にnatureに相当

する語がなかった。しかし、この二言語が特別なのではなく、西欧の「文化」がたまたま、人工のものと自然のものをはっきり区別し客体化する「文化」であっただけなのである。事実、世界には、「自然」「人工」をはっきりと区別しない「文化」のほうが多い。そして、ここまでくると、現代の日本人がいかにヨーロッパ人のものの見方に強い影響を受けているかが分かってくるかもしれない。元来、日本人にとっては、小さな盆栽の木も森林に生える野生の木もおなじく「木」なのであり、それ以外の「自然」：「人工」という対立するカテゴリーなど必要なかったのだ。

　だからこそ、庭園を造るときもあくまで「ありのままの自然」を模写したのだ。人間が造った庭を「自然」から区別する必要もなく、むしろ「自然のまま」の秩序を模写したのが日本の「文化」だったのである。例えば、ベルサイユ宮殿の庭と桂離宮の庭と比べてみれば分かるだろう。ベルサイユ宮殿に代表されるヨーロッパの宮殿の庭には、（「自然界」には無いような）幾何学的な形をした池や噴水花壇などが「秩序」正しく配置されており、あくまで「人間が造ったモノ」である。そこには、はっきりとした「自然」と人間が作り上げた「人工」の世界との区別がある。それに対し、日本庭園は、まるでどこかの「自然」の風景を「そのまま」切り取ってきたような姿をしており、そこに「自然」と「人工」との意識的な区別はないのだ。

　同じように、スワヒリ語の場合も、西欧的思考である「自然」対「人工」のような対立項として自然を捉えるのとは、全く異なる。小田によれば、「スワヒリ語のなかでの"動物"や"木"などの把握のされかたというのは『人間に対立するもの』というより、むしろ『人間ではないもの』という把握のされかたである。だから〈人間〉とそれ以外の動植物たち、すなわち私たちが「自然」と呼ぶもの、との関係は、いわば、ある中心概念と、その余集合との関係となる」というように西洋の捉え方とは全

く違った捉え方をしているのだ。そのうえ、そのような「文化」が特殊かというとそうではない。地球的規模で考えれば、むしろ自然と人工を対立させている西洋文化の方が特殊であるともいえるのである。

　「生命誌」の提唱者、中村（2014）は、生命誌的観点から見れば、人間は生き物であり、自然の一部であるという自覚が必要であるという。生命誌から見れば、38億年ほど前には全ての生物に共通の「祖先」の細胞が存在する。だから現在の生物はきわめて多様だが、一つの「祖先」を共有する仲間だというのである。

　例えば、蟻も38億年の時間を経て生まれた。生き物というのは、全て38億年という時間的記憶を体の中に持っていて、全生物が一つの「祖先」から同じ時間的距離を持って存在している。ゆえに、人間だけを上に描いて小さな生き物や他の生物を下に描くということは間違っている。みんな共通の時間を経て存在している仲間なのだという考え方が生命科学の分野の一部で唱えられ始めた。

　そこで、次のアメリカ合衆国南部に住む先住民プエブロ・インディアンの事例を読んでみよう。

（環境と「文化」　事例―1）シア・インディアンの世界観

　あるシア・プエブロ・インディアンが、友人の人類学者に、「このプッシェを見てください」と、チャミソと呼ばれる砂漠の植物の一種を指さした。彼は、「あなたには理解できないかもしれないが、その植物は私です。私がその植物なのです。それは私であり、私の祖先です。その植物は『ワウシャプ』と呼ばれています」と語った。
　このインディアンは、ワウシャプ・クラン（注：クラン＝自分たちの始祖が動植物であると考えている社会集団）のメンバーであった。人類学者は、このインディアンの言葉を知的に理解することはできるが、人類学者の世界観がその植物と感情的同一化を

行うことを妨げる。

　人類学者は、チャミソを一つの植物と捉え、ワウシャプ・クランのアイデンティティの象徴として捉える。さらにまた、人類学者は友人のインディアンがその植物を知覚するときの『生の意味』についての感情的効果を分析できる。だが、人類学者は、ワウシャプ・クランのメンバーではない。二人の間には、容易には越えがたい隔たりがある。人類学者の世界観は、合理的・科学的で機械論的な西欧の世界観で、その友人のインディアンの世界観は、シア・プエブロ・インディアンの世界観である。二人は、同じ世界に住み、同じものを見ているにもかかわらず、それを異なった仕方で見ているのである。

（Hoebel and Frost, 1975 より改）

　この説明から、シア・プエブロ・インディアンは、人間である彼らと自分たちのクラン（氏族）の植物であるチャミソとの間に「区切り」を設けていないということが理解できる。これは、「トーテミズム」といって、ある集団がある特定の動植物と特別な系譜関係にあるとする信念を共有していることを意味する。

　その特別な系譜関係とは、北米先住民などにおいては、「祖先」と「子孫」の関係にあるとするのが一般的である。その考え方によれば、彼らの祖先は、そのトーテムとされる「動植物」なのだということになる。彼らの言説によれば、そのトーテムとしての動植物と人間である彼らの間にはどこにも「区切り」がない。ゆえに、人間の作り上げた世界と他の動物の世界を区別する、西洋的な意味での「自然」という言葉はシア・プエブロ・インディアンの言語にも存在しないのである。

　このトーテミズム的生命観を、現代の生命科学的に解釈すれば、「生命」という概念を通じて、人間は他の生物がつながっている。それが前述の生命誌的な態度ということができる。かつてこの北米先住民のトーテミズムに接した時、ヨーロッパ人たちは非科学的な「未開の宗教」と決め付けていた。しかし、

生物学的発見の積み重ねにより、人間だけが特別な存在であるという意識こそ、過去の「未発達な生物学」の見方であることが指摘されるようになってきた。

人間は他の生物と「生命」というキーワードで確かにつながっているという考え方が今日の生命科学の一部で唱えられている。もしかしたら、「西洋の文化」にルーツを持つ科学が、かつて西洋人から「未開の宗教」といわれた人々の生命観をより正確に説明する日が来るのかもしれない。

そのような状況の中で、西洋文化を身に着けている人類学者は、象徴的理解の方法という、自らの「文化」の中で知的とされる方法を用いてシア・プエブロ・インディアンの世界を把握しようとする。しかし、それもあくまで西洋的な意味での知的な言語で表現され、再構築された「現実」である。それは、必ずしも、シア・プエブロ・インディアンの感じている「現実」を正確に把握したものとはいえないかもしれない。そうすると、産業化社会に住む私たちは、異文化における生命の認識の仕方を、どれだけ深く理解できるのだろうか。これからの文化人類学に課せられた課題といえよう。

第2節　環境と道具

ここまで述べてきた状況により、本章では、以降、特定の「文化」である西洋文化の影響を多分に受けている「自然」という言葉を使わずに、とりあえず、「環境」という言葉を使うことにする。環境と人間の関係を考えていく場合、人間がどのようにして周りの環境に適応して、生きていくかという問題は、人類学の研究テーマの一つでありつづけた。

その「環境」:「人間」という二項対立を横切るモノに「道具」がある。「人間」→「道具」→「環境」という図式である。環境に適応していくために人間がつくりだしたモノが道具なので

ある。まずは、アメリカの文化人類学者フィリップ・ボック（Philip Bock）が、人間にとっての道具の必要性を述べている部分から見ていこう。

　もしも世界がわれわれ人類にとって完全に都合よく出来ていたら、われわれは道具というものを必要としなかったにちがいない。しかし、実際はそうではない。物質やエネルギーがわれわれの必要を満たすのには全く都合のよい形をしているとか、丁度必要を満たすだけの量があるというようなことは全くまれである。太陽は、われわれの明りや熱に対する渇望にはおかまいなしに昇り、そして沈んでいく。われわれが空腹を感じ、喉の渇きを覚えるとき、いつでも食物や水があるとは限らない。それに、われわれとわれわれの願望の対象との間には、様々な障害物が入り込んでくるのである。　　　　（ボック 1979:22）

　人間と他の動物との明らかな違いの一つは、人間以外の動物が身体の一部や全体の形を変化させて、環境に適応してきたことである。それに対し、人間は、道具を作り出すことによって、様々な環境に、よりきめ細かく適応し生き延びてきた。これは、道具には、環境に適応する機能があったからだと捉えることもできる。本書では、適応とは人間による環境に対する適切な（もしくは、適切とされている）対応としておく。
　そして、機能とは、「はたらき」という意味で用いる。人間が様々な環境に適応していくことができるのは、「道具」の存在による。ボックの説明により、道具の「はたらき」がかなり見えてきたのではないだろうか。しかし、このボックの説明よりも、より簡潔に道具のはたらきについて定義した人類学者がいる。アメリカの文化人類学者エドワード・ホール〔Edward Twitchell Hall, Jr., 1914-2009〕である。
　ホールは、あらゆる道具は、「"extension" 人間の思いや思考

第5章　環境と文化　　111

の『延長』(EXTENSION)」だと主張する。本章では、その発想に基づき、より具体的に「身体」に注目して考えてみたい。次の問を考えながら、身体の機能と道具について考えてみよう。

(問 5-3)

> (1) あなたは、山奥に行ってのどが渇いている。そこで、小さな滝を見つけた。あなたは、コップを持っていない。そこで、あなたは何を使って水を飲むか。
>
> (2) あなたは、恋人と海辺を散歩している。あなたは、相手に気持ちをうち明けようとするが口に出して言うのは恥ずかしいと考えている。渚に波がよせてはかえす。波が引いたときの渚は、つるつるしたホワイトボードのようだ。「そうだ、ここに自分の気持ちを文字にして表そう」とあなたは考えた。ところが、あなたは、ペンも紙も持っていない。渚はホワイトボードのようになっているが、そばに手軽な棒切れもない。あなたは、何を使って渚に文字を書くか。

　おそらく多くの人が (1)「手」ですくって水を飲むと答えるだろう。そして、(2)「指」をつかって文字を書くと答えるだろう。それでは、(1)の手は何の「はたらき」をしているのだろうか。コップの「はたらき」をしていたのである。それでは、(2) は、どうだろう。「ペン」のはたらきをしていたわけである。ところが、ホールは、これは逆だというのである。

　確かに、コップという道具がなかったら「手」を使って水を飲むという時、コップがまずあると考えてしまう。しかし、考えてみれば、コップよりも以前から人間が持っているのは手であるはずだ。当然この「手」の方が使用の歴史が古いのである。コップはその「はたらき」の延長上の創造物である。
　そうなると、「ペン」よりも「指」の方が最初であるのは明

112

らかだ。つまり、本章では、ホールの発想に基づき、道具を人間の身体の「機能」(「はたらき」)の延長と捉えなおして考えてみたい。次の問を考えてみよう。

(問5-4) 以下の道具は、身体のどの部分の延長だろうか。

| ①大工道具－－－（　1　）の延長 |
| ②飛行機－－－－（　2　）の延長 |
| ③建物－－－－－（　3　）の延長 |
| ④帽子－－－－－（　4　）の延長 |
| ⑤コンピューター（　5　）の延長 |

上の問に仲間をもう少し加えて見よう。

| ①食器、大工道具、筆記用具－－－－－（　1　）の延長 |
| ②自転車、車、電車、飛行機、船－－－（　2　）の延長 |
| ③建物、家、テント、服、布団、－－－（　3　）の延長 |
| ④帽子、ヘルメット－－－－－－－－－（　4　）の延長 |
| ⑤コンピューター、電卓－－－－－－－（　5　）の延長 |

すぐに答えられたと思う。(1)は、モノを食べたり、モノを作ったり、モノを書いたりする時に使う身体の一部。それは、「手」である。(2)は、体を移動させる機能の延長だから「足」である。(3)は、体を外気から守る「はらたき」がある「皮膚」、(4)は「髪の毛」、(5)は、「脳」ということになる。すなわち、あらゆる道具は、動物がその身体の一部または、全部の形を変えて環境に適応したように、人間もその「身体の機能の延長」として、作り出してきたモノである。これらの道具と人間の身体は、「機能」という枠組みの中で一線上に並んでいるわけである。

第5章　環境と文化　113

さらにホールは、そのエクステンションが道具の地位にとどまらず、人間を取り囲む「環境」にまで延長していき、環境そのものが人間の「延長物」として存在していることを指摘している。以下にホールの言葉を記しておく。

　人間とはその延長物（エクステンション）を極度に精巧化し特殊化させるために、自然を追いこし急速に自然にとって変わろうとしつつある動物だとみなすのが、結局は有益であろう。いいかえれば、人間は一つの新しい次元を創りだしたのである。人間と文化的次元の関係は、人間とその環境とが互いに型どりあうようにかかわっている（筆者解釈：お互いに影響しあう）関係である。この世界を創りだしていきながら、人間はじつは自分がどのような動物になるか決定しつつあるのだ。

（ホール1988）（一部割愛）

　以上が、目に見える「道具」の機能（「はたらき」）についての指摘である。さらに、「機能」という側面だけを見ていくと、「目に見えない道具」にも「はたらき」がある。ホールは「思考」の延長物（道具）として「言語」をあげている。また、「モラル」という抽象的な概念の延長物（道具）として、塀、扉、鍵などをあげている。
　次節では、この発想に基づき環境の中で生き抜くために人間が編み出した「知恵」や「工夫」といったものを「機能」という観点から捉えなおしてみたい。

第3節　環境と生存戦略としての「機能」

次の問に対して「はたらき」（機能）という側面を考慮に入れながら考えてみよう。

(問 5-5)
> あなたは、人間や動物にとって有利な環境（水や食物が豊富）と不利な環境（水や食物が乏しい）とでは、どちらが人間を仲よくさせると思うだろうか。そして、それは、「なぜ」だと思うか。

通常は、モノが豊富な社会の方が、モノが乏しい社会よりも人間が仲よくできそうに思われる。モノが乏しいと、その少ないモノを争って奪い合ったりすることが想像できるからである。しかし、現実はどうだろうか。これもまた、東アフリカのヌアー族の事例である。ヌアー族は、牧畜民である。だから牛を連れて移牧する。

彼らの住む地域は、雨の降り続く雨期と乾期の二つに「区切られ」ている。牛を飼うのに水も草も豊富な雨期の方が、水不足になりがちで草も乏しい乾期よりも、彼らにとって有利な環境である。通常は、この食べ物や水が不足しているときには、少ない水や食べ物を争っているように思われる。その反対に食べ物や水が豊富なときは穏やかに仲よく暮らしているように思われる。

しかし、エヴァンズ＝プリチャードの報告によれば、実際は、水や牧草が豊富な雨期は争いが多く、乾期には、わずかな牧草を分け合い、一定の規律を守りつつ協力し合う生活を送っているのである。生存のためのものがなくなれば人間は存在ができない。生存のためのものとは水や食料が挙げられる。

第5章　環境と文化

しかし、もの以上に、人間は他の人間の協力なくして生きていくことができない。とすれば、私たち人類には、水や食べ物などの「生存のために必須のもの」だけでなく、「他の人間の協力」が生存のために必要だということになる。そうすると、他者と「協力する」ことは、自分が生き延びるために有効な「はたらき（機能）」であるという見方ができる。換言すれば、「協力する」ことが目に見えない、「生きるための道具」としての「はたらき」をするのである。

　生存のための水や食物が極めて僅少な状態が人間に生存の危機を感じさせる。同時に、その状態は他者の協力の必要性を認識する時でもある。厳しい環境に生きている人々は、その状況を基盤として「文化」を築いてきた。

　例えば、アフリカ、ナミビアのカラハリ砂漠に住むサンの女性たちの例がある。彼女たちは沢山の首飾りをつけている。首飾り作りは大事な日課だが、それは自分を着飾るためでない。各自が身につけている首飾りも自分で作ったものではなく、他人からもらったものだ。首飾りが多いということは協力してくれる仲間が多いことを意味しているのである。生後3ヵ月を過ぎると赤ちゃんに初めての首飾りが与えられる。以降、首飾りを贈ることは、生存のために協力する約束を意味する。このような確認作業は彼らの生存戦略の土台となっている。カラハリ砂漠は今も昔も乾燥しているので、食べ物を見つけることも大変な作業である。そこで、皆で手分けして探すのだ。誰かが小さな芋を見つけても、その人は決して独り占めせず、皆に分け与える。彼らは協力することで乾燥した大地を生き抜いてきたのである。

　以上を踏まえて、次の問の「保存」という機能について考えてみよう。

(問 5-6)

> あなたは、カラハリ砂漠にいるとする。あなたは、キリンを射止めた。しかし、あなたの家族全員で食べても 30 分の 1 を食べるのが精一杯だった。カラハリ砂漠には勿論冷蔵庫などない。そこで、あなたは、他の方法で肉を保存しなければならない。<u>保存とは、食べ物が余った時に何らかの「処理」を施し、将来空腹になった時に再び狩りなどせずに食料を手に入れることができる状態をつくっておくことである。</u>そこで、通常の保存方法にとらわれずに、最も長い間、最も新鮮に近い状態で肉が食べられる「保存」方法を考えてみよう。

　この「処理」という言葉に気をつけよう。薫製(くんせい)にするとか、塩漬けにするとか様々な保存法を考えるだろうが、それは、あまりにも一般的な保存法にとらわれすぎている。狩猟採集民は、獲れた獲物を他の集団に与える。その時に「平等」に分配するということで知られている。それゆえに、彼らは「精神の気高い人々」といわれることがよくある。しかし、よく考えてみれば、あなたのグループが食べきれないほど獲物を捕まえて、それを自分たちだけで食してしまおうというのが無理な話なのである。

　そこで、余っている分を他の集団に分配したとしたらどうなるだろう。例えば、あなたの集団を A としておこう。その A 集団が他の集団の B、C、D、E 集団等に平等に分配するわけである。どのような結果になるだろうか。ここで、平等に分配するということが非常に大切なのである。平等さを欠くと、そこには争いの火種が待っている。

　そこで平等に他集団に分ける。そうすることによって、他集団に獲物が獲れて余った時には、その余剰分を貰う権利が生ずるのだ。(人間関係は交換の原則に従って存在している)。そうすると、平等分配というのは、将来自分たちが獲物を獲れなかった場合に備えて、獲れた集団の分け前を貰う権利を獲得する手続だと

第 5 章　環境と文化　　117

考えることはできないだろうか。

Aは、B、C、D、Eに食べ物を分配することによって、自分が全く獲物を捕まえられなくてもB、C、D、Eのいずれかに獲物が獲れた場合にそれを分配してもらえる権利を得たのである。それは、将来、獲物が獲れないときにも食物を確保できる状況を作っておくことになる。これは一種の「保存」の「はたらき（機能）」をしているとは言えないだろうか。

第4節　環境と生業形態

以下に資料として、人間が環境に適応するために編み出した基本的生業形態を紹介しておく。

環境と生業経済／3つの基本的生業形態

Ⅰ　狩猟採集社会（HUNTING AND GATHERING SOCIETY）
〈特徴〉
① Low population（低人口）
② High degree of mobility（移動生活）
③ High division of labor（はっきりと分かれた労働分担）
④ Equality in distribution of food.（食料の平等分配）
⑤ Egalitarianism（平等主義）
⑥ No specialization of work（何でもできなければならない）

植物性食物や昆虫などの採集を中心にしていた霊長類のなかで、常に狩猟を行い、肉食を取り入れていったグループが人類へと変化していき、自然のサイクルに身を置き、食物を生産することなく自然の資源を直接利用するという生活様式は人類史の99.6％（750万年前から1万年前まで）を担ってきたと考えられている。

狩猟し、肉食をするようになると、より効果的に獲物を捕まえるために人類は、道具や言語を発達させることになり、さらに生物的に常に身軽であるがゆえに男が狩猟をし、女が採集に従事するといった男女の分業も行われるようになった。

　女の採集労働よりも、男の狩猟労働のほうが印象に残りやすいが、人類学者のフィールドワークの結果では、厳しい自然環境に生活しているイヌイットのような例外を除くと、70%から90%以上が植物性食料によって生活をしているということである。言い換えれば、人類史の大部分が食料補給を女性の労働に依存してきたとも言えるのである。

　[食料採集民族]
　a. 遊動採集狩猟民（ムブチ＝ピグミー族、サン族＝ブッシュマン、古代の人類の大部分）
　b. 定住的採集狩猟民（イヌイット＝エスキモー、平原インディアン）
　c. 定住的漁撈民（アイヌ、アメリカ北西海岸インディアン）
　d. 定住的採集民（カリフォルニア・インディアン―ポモ、マイドゥ）

II　遊牧社会（PASTORAL NOMADISM SOCIETY）

〈特徴〉
① Low population（低人口）
② High division of labor（はっきりと分かれた労働分担）
③ Domesticated animals（家畜化された動物）
④ Patrilineal descent（父系出自）
⑤ Age Grade system（年齢階梯制）
⑥ Pride（誇り）
⑦ Army（戦士軍団）

　牧畜は、対象が動物である点で狩猟と共通している。そして、動物を人が育て、その余った部分を人が取るという点において

は農耕と共通している。以前は、狩猟民が家畜の飼育を始めたのが牧畜の始まりだとされていたが、最近の考古学的調査によって、農耕民が山羊や羊などを家畜化していた事実も発見された。牧畜はどちらの生活様式からも移行することが可能だということになる。牧畜発生時期は、牛が紀元前8000年頃と考えられている。羊、山羊は紀元前7000年頃とされている。

　牧畜のみ、あるいは、それを中心とした生活を送っている遊牧民は、アフリカとユーラシア大陸のみに存在する。彼らの生活の範囲は、蒙古、シベリアから中央アジア、イラン高原を経て、アラビアに達し、そこから一方は、北アフリカからサハラに延び、もう一方は、東アフリカを南下してカラハリ砂漠にまで延びている。それらの地域は気候が乾燥しており、植物栽培には向いていない環境である。

　このような土地に住む人々が、この環境に適応する過程で農耕生活から遊牧の生活に移行していったと多くの人類学者は考えている。牧民社会の特徴として、父系血縁、年齢階梯制、そして、系譜関係への意識度の高さなどが、戦士軍団や略奪行為の存在などとともに指摘されている。

　［遊牧民］
　　　a. ユーラシア大陸
　　　　（パレオ・シベリア系、トゥングース系、チュルク系、モンゴル系）

　　　b. アフリカ大陸
　　　　（セム系、バントゥー系）

Ⅲ　農耕社会（CULTIVATION/AGRICULTURE SOCIETY）
〈特徴〉
　　　① Large population（高人口）
　　　② Sedentary living（定住生活）

③ Specialization of work（専門的職業）
④ Corvee labor（雑役）
⑤ Hierarchical society（階級制度社会）
⑥ Storage（保存）
⑦ Usufruct（使用権）
⑧ Warfare（戦争）
⑨ Concept of territoriality（土地の概念）
⑩ Religion and political power（宗教と政治権力）

　農耕文化は、約紀元前1万年前地球上の幾つかの地域に発生した。収穫可能な作物によって農耕を2種類に分けると、熱帯地域の「塊根栽農培文化」と、温帯地域の「穀物文化」となる。ヨルダンのジェリコやイラクのジャルモ遺跡で紀元前7000年頃の大ムギや小ムギの栽培の跡が発見されたが、塊根栽培が、いつ頃始まったのか考古学的証拠はまだほとんど発見されていない。

　初期の段階では、環境条件に恵まれている限り、畑の仕事は女の仕事であり、男たちは、狩猟や漁撈活動に従事していた。やがて焼畑耕作などを行ったり、農地を拡大したりしていくうちに狩猟の重要性も減少し、その結果、男女ともに農耕に従事するようになったといわれている。

　イネ科穀物が発達したところでは、計画的で安定した食料生産が可能になり、人々は、定住するようになった。そのために社会や「文化」に大きな変化が見られ、人口が著しく増大した。（具体的な数字で表わしてみると狩猟採集が生活の中心だった1万年前には、世界人口は、1千万人に過ぎなかったが、紀元後1400年代には、3億5千万人に達し、現在ではその20倍以上にまで増加している。2015年の時点では72億5755万850人）

　やがて、村落が発生するとともに、各種の生産技術が発達した。その結果、直接食料生産に携わらない商人や、貴族や戦士

などの特権階級が現れるようになり、社会階層の「文化」が生まれた。やがて、都市や国家が形成されるようになると、世界観や価値体系も新たなものへと変化していった。

　［食料生産民族］
　　　a. 根茎栽培民
　　　　（東南アジア、オセアニア、ブラジル中央部の密林地帯）
　　　b. 穀物栽培民
　　　　（西南アジア、日本、中国、ヨーロッパ、北アフリカ）

【参考文献】
中村桂子『生命誌とは何か』講談社学術文庫 2014 年
ホール、エドワード・T『文化を超えて』岩田慶治・谷泰［訳］TBS ブリタニカ 1979 年
ホール、エドワード・T『かくれた次元』日高敏隆・佐藤信行［訳］みすず書房 1988 年
ボック、フィリップ・K『現代文化人類学入門』講談社 1979 年
小田昌教「自然――ケニア人は自然の風景を見るか？」『人類学のコモンセンス――文化人類学入門』pp.21-38、浜本満・浜本まり子［編］学術図書出版社 1994 年
Hoebel and Frost, *Cultural and Social Anthropology,* McGraw-Hill Inc.,US 1975 年
柳父章『翻訳語成立事情』岩波新書 1982 年
「NHK スペシャル　なぜ人間になれたか」2012/01/22 放映
http://www.esofken.com/rensai/1307.html

第6章
信仰・信念体系

なぜクリスマスを祝ったあとに
初詣に行くのか？

日本人は宗教に対していい加減だと欧米人からよく言われることがある。筆者もそんな経験を持っている。もうその時に使われた単語は忘れてしまった。"irresponsible"だったか"loose"だったか、"giddy"だったか。とにかく「不真面目」だというニュアンスで筆者は聞いたように記憶している。日本人の中にもそのように思っている人が少なからずいるのではないだろうか。
　宗教に対して「いい加減」「不真面目」とはどのような意味でいうのだろう。この場合、「いい加減」の反対は「真面目」なのだろうか。そうだとしたら、「宗教」に対して「真面目」とはどのようなことを意味するのだろうか。本章では、今までの章で考えてきたことを信仰・信念体系という角度から見ていきたい。

第1節 「宗教」に対して「いい加減」とは

　次の問を考えてみよう。

(問6-1)

> 　よく欧米人から、「日本人は宗教に対していい加減だ」といわれる。
> 　生まれて一ヵ月たつとお宮参りで神社に行く。ところが、ウエディングドレスの方がかっこいいということで、結婚式は教会で行う。しかし、死んだ時には生前挨拶も交わしたことがない僧侶がお寺からやってきて、葬式のための読経が行われる。
> 　一年を考えてみても、大晦日には、除夜の鐘がお寺から響いてくる。新年が明けると神社に初詣。夏にはお盆がある。そしてまた、クリスマスがやって来て「メリークリスマス」と言い合ったりする。「宗教」がいい加減だ。アメリカでは、生まれた後は教会で洗礼を受け、教会で結婚式をあげ、教会で葬儀が行われ、教会のそばの墓地に埋葬される。

これは、同僚のアメリカ人教師たちから筆者が実際に言われたことである。このようにいわれた時、あなたは、どのように反応するだろうか。あなたは、この指摘に賛成だろうか、反対だろうか。

　納得してしまう部分もあるのだが、あえて、筆者は（日本人も犯しやすい過ちの一例として）、この場を借りて文化人類学的反論を試みたい。まず指摘しておきたいのは、この批判的言説の非論理的な点である。これは、宗教の問題からは離れるが、文化人類学的には非常に重要な点なのでここで強調しておきたい。
　文化人類学的に見て、この批判的言説の最も致命的なところは、ある集団を指して「〜人（族）は、〜だ」と断定してしまっているところである（これを「修辞学的全体主義」という）。話し手は意識しなくても、「日本人は」という語句は、「日本人全員は」というイメージと結びついてしまう。そのために、「日本人は例外なく『宗教的』にいい加減だ」というメッセージ（もちろん本人はその意識は持っていないだろうが）を発信してしまうのである。そのような断定的メッセージは、「いかなる集団でもその構成員が全員全く同じように考えたり行動したりしているわけではない」という誰でも理解できる事実に対し反論できない。
　なぜならば、問の例で考えてみると、多くの日本人の「宗教的」行動が（筆者の元同僚のアメリカ人がいう意味での）「いい加減」だということに同意できたとしても、「宗教的」に「いい加減」ではない日本人が存在する可能性は絶対に否定できないからだ。日本人の中にも敬虔なクリスチャンや信仰心厚い仏教徒がいて「他宗教」の活動には参加しないという人はいる。そうすると先ほどの批判には無理があることになってしまうのである。
　ゆえに、この「『〜人（族）は〜だ』式のメッセージ」が論理的な誤りを犯していることは明白である。これは異文化の中に入り、様々な人々への個別の理解を積み重ねていくことを基盤

第6章　信仰・信念体系　　125

とする文化人類学的視点とは正反対の態度である。しかし、とかく、私たちは「〜人(族)は〜だ」といった言い方をしてしまう傾向にある。ひどい場合は、「アラブ人は、テロリストだ」になってしまうのだ。このような言説が論理的な過ちを犯していることを常に銘記しておかなければならない。

　話を宗教の問題に戻そう。宗教という点からいえば、問の内容は、一見正当な批判のように見える。確かに、ある基準から見れば、多くの日本人は、宗教的に「いい加減」に見える。その時期に応じて様々な「カミ」を信じているように見えるからであろう。特定の「カミ」を信じ、それ以外の「カミ」を否定することを潔いこととする視点から見れば、「いい加減」と映るのであろう。

　しかし、一つの「カミ」だけを信じなければいけないというのは、誰が決めたことなのだろうか。たくさんの「カミ」を同時に信じることが、「いい加減である」というのには、どのような根拠があるのだろう。どうも、一つの「カミ」以外信じてはならないとする教えが根本にあるようだ。それは、「一神教」が絶対正しいという前提から来ているようである。

　一神教には、世界的宗教でいうとキリスト教とイスラム教がある。しかし、人口的に見ても、キリスト教徒、イスラム教徒、それにユダヤ教徒を合わせた一神教の信者数は世界の総人口に対して半数の約50%である。決して大多数を占めているわけではない。たしかに、一神教の国々、特に、キリスト教圏の国々は、経済力もあり、産業も科学も「発達」している。ゆえに、世界の経済界、学術界などが欧米中心であることは紛れもない事実であり、それだけ世界の動向を欧米人が担っていることも事実である。

　しかし、それだからといって欧米の「宗教」観が絶対正しいとする根拠にはなりえない。もしも欧米人がそう思っていたとすれば、欧米人の自文化中心主義にすぎないことになる。そし

て、ここで、確認しておきたいことは、地球上に生きる人々の残り50％の人々は「多神教」に属しており、必ずしも一つの「カミ」が絶対だと思っているわけではないということである。また、数字には表れない無宗教の人々や、神のように身体の外にその信仰対象を持たず自らの内に「仏」を求める仏教徒の存在もある。

さらに、キリスト教圏の国に暮らす人々の中にも、例えば、北米の先住民には日曜日に教会に行く習慣がある人々もいる。しかし、先住民が彼ら独自の伝統的宗教を捨ててしまったわけではなく、彼らの日常生活には、伝統的宗教が生きている場合が多々ある。

筆者が調査しているカナダ先住民のサーニッチは、葬儀、結婚式、命名儀礼（「インディアン名」が与えられる儀礼）などを実際に行っている。葬儀は、通常、カトリック式＊で行われた直後に、「彼ら独自の方法」で死者を弔う。死者を「スピリット（精霊）」のところへ送り届けるためには、「白人の方法」では駄目だという考えの持ち主が数多くいる。

そのような「伝統的」葬儀の中で、参加者が感動するような「贈り物」や「演説」を競い合うのだ。その「演説」の内容は死者のすばらしい人間性についてのものであったり、人間の生き方を説いたりするものが多い。この演説合戦は時には明け方まで続くこともある。これは、彼らが「昔から」やってきた方法だという。これを「宗教的行為」と判断すれば、一神教と見なされる地域においても、複数の「カミ」に対し「宗教的」行為を行う人々が少なからず存在することになる。

さらに、ある行為を「宗教的」と見るか否かという問題につ

＊カナダのキリスト教の中ではカトリックが43.2％と最も多く、次にプロテスタントが29.2％、正教会・東方諸教会が1.6％となっている。これは、プロテスタントが多数を占めるアメリカ合衆国と異なる。北米というとプロテスタントのイメージが強いが、カナダではカトリック信者数が最も多いのである。

いて考えてみると、日本人が「教会に行く」「寺に行く」「神社に行く」という行為は、本当に宗教的行為なのだろうか。初詣に行くのは、あなたの経験からして純粋に宗教的行為だろうか。どちらかといえば、「みんなが行くから」という気持ちで行く場合が多いのではないだろうか。同じように「お宮参り」に子供を連れていくことも、お盆にお寺に行って僧侶に読経を依頼することも、クリスマスに教会に行くこと、さらに、結婚式にキリスト教式を選ぶことも「みんながやっているから」ということはないだろうか。

　それは、むしろ日常生活のなかの「慣習」となっているといった方が正確かもしれない。「宗教的」と呼ぶには、あまりにも世俗的になりすぎている。そのような観点からすれば、多くの日本人は、深い信仰心を持って行動しているわけではないと指摘できるかもしれない。

　しかし、今度は次のような疑問がわいてくる。先ほど述べた「〜人（族）は〜だ」式のメッセージをあえて使って考えてみると、「（一神教の）欧米人は、宗教的にいい加減ではない」という言説が正しいかどうかという疑問である。アメリカ人でもヨーロッパ人でも、彼らが教会へ行くのは、必ず宗教的動機からといえるのだろうか。例えば、「友人の誰々さんが行くから行く」とか、「昔からそのようにしているから」などの理由は絶対にあり得ないことなのだろうか。また、例えば、教会に行くことが、何らかの社会的評価になると思っている人はいないのだろうか。

　事実、筆者のアメリカ人の友人の息子が小学生の時である。彼は筆者にこっそり教えてくれたことがある。彼が教会に行くのは、彼がとても好きな女の子に会えるからだというのである。その時の彼にとっては、信仰心よりもその女の子の方がずっと大事であったことは想像に難くない。そして、それを非難する人はいないだろう。

　また、別のアメリカ人の知人は、不動産業を営んでいる。彼は、

教会活動を積極的に行うことによって、地域の人々の信頼を獲得したといっていた。もちろん筆者は、彼が打算のみで教会に行ったのだと決めつけるつもりはない。しかし、彼が教会の活動に積極的に関わることで獲得した社会的信頼により経済的な利益を得たことも事実である。

そこで再び質問したい。「みんなが行くから教会に行く」というキリスト教徒の欧米人や「みんながモスクに行くから私も行く」というイスラム教徒のアラブ人は絶対にいないだろうか。絶対にいないとは言い切れないのである。そうなると、一神教の教会やモスクに行く人が「全員」信仰心から行くという見方にも無理がある。一神教の人々の中にも「慣習」とも解釈できる意識で教会やモスクに行く人は絶対にいないとは言い切れない。

そうすると、いまの例において、「ある行為」を「宗教」であるとか、「慣習」であるとか決めているのは、その行為を見ている人であり、その行為者自身ではないということが分かる。ゆえに、ある行為を「宗教」と見るか「慣習」と見るかを決めている観察者の判断基準こそ相対化すべきなのである。

そこで、本書は、ある集団の行為を「宗教」であるとか「慣習」であるというような、特定の文化による既成の枠組みをはじめから設けないものの見方を提案する。それを「信念体系に対する文化人類学的態度」としておく。

そして、その「態度」を「文化」理解に役立てていくことにしたい。そのためには、文化人類学用語、もしくは「宗教」学用語としての呪術、妖術、邪術について、その一般的枠組みを考えていきながら、「宗教的な行為」に見えるものと日常生活に埋没している「慣習」との「区切り」を見直していくこと、相対化することを目指したい。

まずは、以下のエヴァンズ＝プリチャードによる妖術、呪術（「善い呪術」、「悪い呪術（邪術）」）の分類を見ていこう。

アザンデの文化を眺めてみると、少なくとも、定義上は、妖術行為と呪術行為との間に大きな違いがある。なぜなら、妖術師は彼が実行したとされる行為を再現することができないのに対して、呪術の場合には明らかにそれを再現することができるからである。アザンデ人自身にとって、邪術師と妖術師の違いは、前者が呪術の技術や呪薬からその力を得るのに対して、後者は儀礼も呪文もなしに、ただ遺伝的な気質と心的な力だけでその目的を達するという点にある。両者ともに人間の敵であり、ゆえにアザンデ人はそれらを同じものとして分類する。したがって妖術と邪術は善い呪術と対置するし、対置されている。
（エヴァンズ＝プリチャード「アザンデ人の世界」p.446 みすず書房）

　ここで、エヴァンズ＝プリチャードは、アザンデにおける呪術（邪術）と妖術の違いを明確に示している。呪術や邪術はそれを行う人が、その呪術や邪術によって引き起こされる結果を望んでいる。要するにその行為に「意志」が存在する。それに対して、妖術は、その原因とされる人は、その結果に対して自ら望んでいることを否定するのが通常である。それでは、次節で呪術について考えていこう。

第2節　呪術

　次の問を考えてみよう。

(問6-2) 次の (1) と (2) は呪術についての具体例である。あなたは次の例を効果があると考えるだろうか。もしも、あるとしたら、それはなぜだろうか。また、ないとしたら、それはなぜだろうか。

(1) アフリカでは女性に多産であることを望む傾向が強い。そこで、不妊の女性は、何らかの力を借りてどうしても子供を授かるようにと行動する。一例として、ある部族においては、不妊の女性が子宝に恵まれるようにと、木を彫って作った子供の人形を背負って歩くようにする。

この例では、木の人形が出産の象徴となっている。赤ん坊が欲しい場合、赤ん坊に似せた木の人形を背負って、赤ん坊が本当にできたような行動をすれば、赤ん坊ができるという「望んでいるような現実」を獲得できるとされているのだ。この種の呪術は人の幸福を望んでいるので「善い呪術」としておく。この中に出てくる木製の人形のように、現実のモノ（この場合、赤ん坊）のかわりに、「それに似たモノ」もしくは「似せたモノ」を登場させて、それに何らかの行為を加えて「望んでいるような現実」が得られるとされているという側面から、この呪術を「類感呪術」という。

人の不幸を望む「悪い呪術（邪術）」の例になるが、日本のワラ人形に五寸釘を打ち込むという行為も同じ考え方である。呪っている相手にみたてたワラ人形をこしらえ、そのワラ人形に五寸釘を打ち込むことで、呪っている相手本人に同じような結果が現実に起こるとされている。「類感呪術」として分類される呪術のキーワードは「似せる」である。

(2) 別の部族では、不妊の女性は、多産の女性のところに行く。そこで多産で知られるその女性の衣服の一部を切り取って、それを貰う。そして、家に戻り、持ち帰った、その衣服の一部を自分の体に張り付けたり、自分の衣服に縫いつけたりして、多産の女性の能力を自分でも持てるようにと祈る。

(2) の例では、多産の女性の能力がその衣服にも染み付いて

おり、不妊の女性は、その衣服の一部を自分の身体に張り付けたり、自分の衣服に縫いつけたりすることで、多産の女性の能力を持てる、すなわち「望んでいるような現実」を獲得できるとされている。かつて接触していたり、全体の一部であったり、あるいは原因になっていたものは、そうでなくなったあとも効果を及ぼしあうという考えがみられる。このような呪術を「感染呪術」という。他の例としては、ある憎しみを抱いている相手の髪の毛を1本取ってきて、それに呪いをかけると、現実にその本人に不幸が起こるとされているような呪術がある。キーワードは「うつる」だ。

　「類感呪術」と「感染呪術」と名づけて呪術を区別したのは、イギリスの人類学者ジェイムズ・フレイザー〔Sir James George Frazer, 1854-1941〕である。彼は、このような呪術を「未開人の誤った因果論」によるものと考えた。彼の理論的根拠は、「文化進化論」である。文化進化論によれば、「宗教」もアニミズム（すべてのモノに「カミ」が宿るとした考え方）のような「多神教」から進化して、その最も進化したのがキリスト教のような一神教であるとされていたのである。どう考えてもヨーロッパ人の自文化中心主義である。しかしながら、フレイザーは、非常に興味深い「分類」を提示した。

　読者の中にも、フレイザーのように、問の例は、「未開」の人たち（もしくは昔の日本人）の誤った因果論と感じている人もいるかもしれない。筆者も、(1)も(2)も信じるかと言われたら「信じない」と答えるだろう。しかし、呪術を信じるのは、人々が「未開」だからという考え方は正当性を持っているのだろうか。

　そこで、次の問を考えてみよう。

(問6-3)

> (1) 外国で仕事をしているある日本人が、仕事で苦労していた。ある晩、彼は、日本から持ってきた恋人の写真を取り出し、それを見つめながら、彼女が「がんばってね」と日本を出発するときに言った言葉を思い出す。そして、彼は、仕事を「がんばって」続けた。
> この話を聞いてあなたはどのように思うか。理解できるだろうか。不思議な話だと思うだろうか。

　この例は、ほとんどの人が理解できると思う。不思議な話だと考える人は、少ないだろう。ところが、このなかに先ほどの呪術に通じるところがあるのだ。第一に、写真は、本人ではない。本人に非常によく似た図像である。よく「絵」は本人ではないけれど「写真」は本人だという人がいる。その人に言いたい。「写真が本人だとしたら、その本人というのは人間ではなく『インク』と『印画紙』なのですか」と。事実、非常にうまく描かれた絵の方が写真よりもずっと本人に似ている場合さえあるのだ。
　すなわち、写真は「本人によく似た図像」ということになる。「写真が、あたかも、その男に話しかけているようにと思うなんて、その男は頭がおかしいのではないだろうか」とは、通常考えないのはなぜだろうか。それは、(1)の事例のようなことが、「よくある話」として「文化的」に位置づけられているからである。呪術として見ると「信じられない」行為と考えるが、同じような行為が自分の「文化」で起きていると、それは「当たり前」になってしまうのだ。勿論、本書は、あなたに呪術を信じるべきだと言っているのではない。私たちの社会の「当たり前」も「行為」という側面から見れば十分「呪術的」だと言っているのである。言い換えれば、産業化された社会に住む私たちも十分「未開」な人々なのである。
　「似せる」というキーワードをたどっていけば、私たちの行

動も説明できないほど「未開」である。例えば、日韓合同主催で行われたワールドカップのときにベッカムというイギリスのサッカー選手が日本で話題になると、日本中彼の髪型にした若者だらけになったことがある。ベッカムはハンサムとされているし、その髪型は彼に非常に似合っているとされていた。しかし、多くの日本人がその髪型にしてもベッカムのようには見えないのだが、本人達はベッカムの魅力を手に入れた、もしくはベッカムにあやかったと信じていたのかもしれない。このような例は、人気俳優や歌手と同じファッションをまとったり、人気のあったイギリス王室の女性の持っていたものと同じハンドバッグを持ち歩いたりするのが大ブームになったことなど、日常にあふれているのではないだろうか。

　それでは、次の問を考えてみよう。

---

(2) あなたは、億万長者である。ある日、あなたは、信頼している友人から二枚の色紙のどちらかを10万円で買ってくれと言われた。一枚は、近所の書道の先生が達筆で「吾輩は猫である」と書いた色紙である。それは、真新しくてきれいな色紙に書いてある。もう一枚は、本物の夏目漱石が「吾輩は猫である」と書いたとされる色紙である。こちらは、たしかに古い感じがする。さて、あなたは、買うとしたら、どちらを選ぶだろうか。

　かなり怪しい事例ではあるが、もしも買うということになれば、普通は、夏目漱石の方を買うだろう。書道の先生の方が夏目漱石よりも達筆かもしれないが、近所に住む無名の書道家が書いた色紙を10万円で買う人はほとんどいないだろう。しかし、それでは、夏目漱石が書いた方の色紙には何があるというのだろう。こちらの色紙について分析してみよう。

　第一に、夏目漱石という人物がまず日本という社会で評価されていなければならない。例えば、夏目漱石を知らない国の人

に同じ質問をしても日本人と同じ反応は期待できない。だから漱石に対する高い評価なり、信奉心なりがその集団に存在しなければならない。第二に、夏目漱石が書いたというイメージを想像するだけでなにかその色紙に特別な力が宿っているような感じをその集団が共有しなければならない。第三に、「これは夏目漱石が書いたものだ」という人が信頼できる人でなければならない。初めて会ったいかにも胡散臭い人にいわれたら信じないのではないだろうか。

　この第三の理由における「信頼」という問題が重要である。ここで「信じるか」「信じないか」のレベルの問題が浮上する。すなわち、「ほかでもない『あの人』がいうから本当だろう」ということで、この色紙に「夏目漱石の書いたものである」という「事実」が付加されるのだ。本当は、買おうとする人にとっての「事実」とは、その本人の目の前で夏目漱石が実際に書いたという事実に基づく以外ありえない。

　ここまでくると再び見えてきたと思う。つまり、ある種の非常に素朴な「信じること」、すなわち「信仰」「宗教」が、この行為を取り囲んでいるのである。

　そのように見ていくと、産業化された社会におけるオークションなどは、実に「宗教的」行為なのである。ある美術作品を見て、ゴッホが描いたと証明できるのは誰なのか。ある皿を、ナポレオンが使っていたと証明できるのは誰なのか。本当のところ「事実」は常に疑わしいのである。そうすると、産業化社会のオークションは2つのレベルで「宗教的」だといえる。第一のレベルは、「そのモノに関わる人とモノの間にもはや接触がなくなったあとでもそのモノとその人と結びつける」という「呪術的」思考をその集団が共有しているということである。

　第二のレベルは、「そのモノとその人との関係が事実としてあった」という言説に対する信頼という「宗教的」行為である。そして、ここまで考えていくと産業化社会のオークションは極

めて「呪術的」な行為に見えてくるのではないだろうか。そして、オークションの最も盛んな国が、かつてフレイザーが生きていたイギリスだというところも極めて興味深い。それゆえに、フレイザーの言葉を用いて投げ返してみれば、「イギリス」は十分「未開」な国なのである。

第3節　妖術

話を妖術に進めて、次の問を考えてみよう。

(問 6-4)

> ある人が、ハンモックで昼寝をしている。するとハンモックの紐が切れてしまった。その人は、ハンモックとともに地面に落ちてしまった。あなたがその人に近づいて行って、「大丈夫ですか？」と声をかける。ところが、その人はあなたに向かって「ハンモックの紐が切れたのはおまえのせいだ！」と怒鳴った。あなたは、その人に以前会ったこともなければ、そのハンモックにさわったこともない。あなたはどのように思うだろう。

変な人だと思うだろう。精神的な問題を抱えた人と考えるかもしれない。「自分の不運を人のせいにしている」「単なる八つ当たり」と思うかもしれない。なぜか。ハンモックが落ちたこととあなたには何の関係もないと私たちの文化では考えるからだ。何も関係がないところに関係があるかのようにいって来られた時、日本人は「因縁をつけられた」という。すなわち、この例は、日本的に考えれば「わけの分からない人から因縁をつけられた」状況だという解釈ができる。

実は、この事例は、妖術という「しくみ」を日本風に「簡略化して」置き換え、モデル化したものである。前述のように、呪術はそれを行う本人がその「意志」を持って行っている。そ

れに対して妖術は他人から何らかの不幸な出来事の責任があると告発されるのである。通常、訴えられた本人はそのような「意志」は持っていないと主張する。この妖術を行っていると疑われた人を「妖術師」という。

この例をもとにして、まず、エヴァンズ＝プリチャード〔Sir Edward Evan Evans-Pritchard, 1902-1973〕が調査した東アフリカのアザンデ人の妖術の有名な事例から問を考えていこう。

（問6-4）もしもあなたが、以下の事例で、その妖術をかけた妖術師として疑われた場合どのように感じるだろうか。

> アザンデの人々は暑い日中、貯蔵庫の下でよく休憩する。ところで貯蔵庫は長年の間に白アリに食われて、くずれることが往々にしてある。これにもかかわらず、アザンデは、貯蔵庫が休憩している人々の上に倒れてけがをさせるようなことがあれば、それは妖術のせいだと告発される。

明らかに「因縁」をつけられたと感じる状況である。この場合、本当の犯人も「白アリ」だと分かっているではないか。アザンデの人々にしても白アリが原因だということは分かっている。では、なぜ妖術のせいにするのだろうか。妖術のせいにするための正当な論理がここにあるのだろうか。白アリが食って貯蔵庫の土台が崩れたので倒れたことは分かる。

しかし、「貯蔵庫の土台が白アリに食われたあと何人もの人が貯蔵庫の前で昼寝をした。それなのに、なぜ私の時だけ倒れたのだ」という疑問に対して説明するのは簡単ではない。キリスト教でいえば、「神の意志」という説明もあるかもしれない。仏教でいえば、「過去世からの因縁」すなわち、あなたが前世でそのような原因を作ったという説明もあるかもしれない。

しかし、キリスト教やイスラム教、仏教にしても、人々がその因果論を「当たり前」とする状況がなければならないのだ。この場合アザンデの人々は妖術という説明が「当たり前」なのである。それでは、その「当たり前」の背景には何があるのだろうか。

アザンデ人の「当たり前」

　ある不幸がある
　　　↓
　妖術のせいである
　　　↓
　不幸の原因である妖術師として疑われた人が告発される
　　　↓
　妖術師に何らかの刑罰を与える

これだけではなかなか理解できない。そこで、問題は誰が妖術師として疑われるかということである。すなわち、妖術師として疑われる人はどのような人なのか、ということが調査の対象となる。
　　　↓
そこで、あることが分かった
　　　↓
妖術師として疑われる人は次のような人に限られる
（例：礼儀に欠ける人、怒りっぽい人、妻を怒鳴りちらす人、妻に暴力をふるう人、他人をすぐに羨ましがる人、他人に協力できない人）
　　　↓
要するに、あまり社会の中にいて欲しいとは思わない人たちだ
　　　↓
要するに、反社会的行動をとる人である

ここまで分かってきた。しかし、それが一体どのような結果を生むのだろうか。そこで、「妖術師」として疑われることの負の点をあげ、それを回避するにはどうすればよいのか考えてみよう。

　　反社会的行動をとると「妖術師」として疑われてしまう
　　　　↓
　　「妖術師」として疑われると、村に不幸があった場合、処刑される
　　　　↓
　　それはいやだ
　　　　↓
　　では、どうする
　　　　↓
　　反社会的行動をとらなければよいのだ

　ある不幸の原因を「ある人のせいだ」とする「妖術」のシステムを異文化として理解するためには、その妖術に対する人々の行動を注意深く観察することが重要になってくる。それは、「妖術は宗教である」という既成概念だけを押しつけていると見えなくなってしまう可能性がある。そこで、彼らの具体的な行動に注目してみよう。

　　人々は、「妖術師」として疑われたくないと言っている
　　　　↓
　　なぜだ
　　　　↓
　　処刑されるからだ。処刑されることは誰も好まない
　　　　↓

では、どうする
　↓
「妖術師として疑われない行動をとろう」と考えるようになる
　↓
要するに、「反社会的行動をとらないようにしよう」とする
　↓
それは具体的にはどのようにするのか
　↓
礼儀正しくする。怒らないようにする。妻を怒鳴らないようにする。妻に暴力をふるうのは止める。他人をすぐに羨むのは止める

以上を社会的に見れば、妖術があることによってある種の「秩序」が生まれたということが分かる。この事例における「妖術」の一側面は、日本社会に置き換えれば、何と同じようなはたらきをしているだろうか。考えてみよう。

　さらに、いまの説明をもとにして、エヴァンズ＝プリチャードがアザンデ人を調査中に「妖術」をめぐって交わされた、あるアザンデ人の少年とエヴァンズ＝プリチャードとの議論を読んでいこう。そして、それを基にアザンデ人の妖術の論理をもう少し別の角度から理解したい。

(問 6-5) 次の例のアザンデ人の少年は、なぜ自分の不注意で怪我をしたことを妖術のせいにしているのか考えてみよう。

　少年がブッシュの小道で小さな切り株を踏みつけ、怪我をして不自由な思いをしなければならなかった。アフリカではよくあることである。足の指という場所の悪さのために、傷口を清

> 潔にしておくことができず、化膿し始めた。彼は、妖術師が自分の足を切り株にぶつけさせたのだと断言した。私はいつもアザンデ人と議論をして、彼らに反論していたのだが、このときもそうであった。私は、少年に、切り株を踏みつけたのは、彼が不注意だったからであり、そして切り株はもともとそこにあったものだから妖術師が置いたものではない、と言った。すると、少年は切り株が自分の通り道にあったことについては妖術師が置いたものではないことを認めたが、自分は、いつも切り株には十分注意しており、(実際、アザンデ人は、皆切り株に注意して歩く)もし自分が妖術をかけられていなかったならば、切り株に足を取られることなどなかったろうと言うのだ。
> (エヴァンズ=プリチャード『アザンデ人の世界』pp.76-77 みすず書房 2001 年)

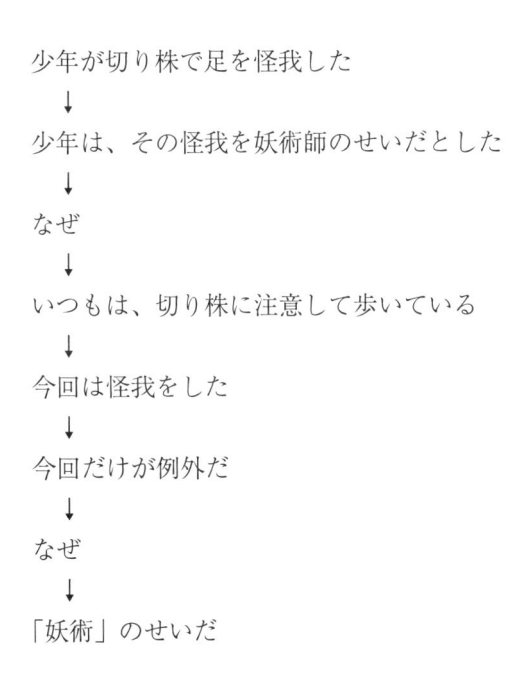

少年が切り株で足を怪我した
↓
少年は、その怪我を妖術師のせいだとした
↓
なぜ
↓
いつもは、切り株に注意して歩いている
↓
今回は怪我をした
↓
今回だけが例外だ
↓
なぜ
↓
「妖術」のせいだ

　今の論理を基に私たちの社会では「妖術」をどのように翻訳できるだろうか。次の例を考えて「妖術」は日本社会に置き換

えると何になるか考えてみよう。

(問 6-6) 以下のあなたにとって一連の好ましくない出来事の理由は何だとあなたは考えるだろうか。

> あなたは、友人と二人で各自の車でドライブに出かける。二人とも車自慢で、あなたは、赤いフェラーリに乗っており、友人はメタリックシルバーのポルシェに乗っている。高速道路で順調に走っている。調子に乗った友人は制限速度を超えてあなたを追い越した。あなたも負けてはいられない。友人のポルシェを追い越した。そんなことを数回繰り返したとき、ちょうどあなたが友人を追い越した時にパトカーがやってきてサイレンを鳴らしあなたの車を止める。スピード違反であなたは捕まる。友人もスピードを出していたのだがパトカーが来たときはたまたま制限速度で走っていたので捕まらなかった。
> 　気分を直して、同じ友人と再びドライブを続けた。今度は、スピードに注意しながらドライブを楽しんでいる。ふと美しい湖が目に入る。あなたと友人は、その湖の近くまで車で行く。あまり人気もない。湖から駐車場はちょっと距離があったので、あなたと友人は湖の近くの道路に車を止めて、湖の周りを散歩した。散歩から帰るとあなたの車には、駐車違反のシールが貼ってある。友人の車も近くに止めたのだが見落としたらしい。駐車違反のシールは貼っていない。

　ドライブに出かけた友人も同じようにスピード違反や駐車違反をしていたにもかかわらず、あなただけが罰せられ罰金を払ったり特別な講習を受けたりしなければならない状態である。ほとんどの人は納得がいかずに不愉快に思うだろう。しかし、友人に責任があるわけでもないし、ましてや警察官を不公平だといって訴えるわけにもいかない。そして、自分の行動の結果なのだとあきらめるのが日本人の多くが持つ「常識」ではないだろうか。

結論として「運が悪かった」ということになる。この「運が悪かった」といって「あきらめる」というのが、通常の日本人の「自分だけに好ましくない状況が降りかかってきたとき」にとる態度だろう。場合によっては、また人によってはお祓いに行くこともあるかもしれない。しかし、それは、多くの日本人の対処法ではない。日本人は、自分だけの不運な状況を、「あきらめる」という結論で、曖昧にしたまま忘れようとするのが一般的なのではないだろうか。

　それに対して、アザンデ人は、「自分だけに降りかかった好ましくない状況」や「普段と違う異常な不幸に見舞われた状況」には必ず理由があり、それには妖術が介在していると考えるのが「当たり前」とされている。その「当たり前」を支える論理は何か、次の事例で考えてみよう。

(問 6-7) 次の事例における「嫉妬深い男」はどのような理由で妻が「死んだ原因」を妖術師のせいにしたのだろう。納得できる「理由」を考えてみよう。ヒント：この男は村人なら誰でも知っているやきもち焼きだということにする。このヒントをもとに、具体的に男の行動をイメージして、男が妻を殴ったという事実と妻の死との結びつけを否定する論理を考えてみよう。

　ある嫉妬深い男が妻の帰りの遅いのをとがめ、妻に問いただした。妻は夫の嫉妬深さをなじり、口論の末、かっとなった男は彼女を殴り殺してしまう。そして、それを聞きつけた彼の妻の親族たちが復讐にやってくる。ところが、彼は「妻が死んだのは、村の悪名高い妖術師のせいだ」といった。
　（浜本1989/Winch, P., 1964, "Understanding a Primitive Society," *American Philosophical Quarterly* Vol.I:307-324.」をもとに作成）

　この男は、村人誰もが自分を嫉妬深い男だと考えていること

第6章　信仰・信念体系　143

を認めている。なぜか。それは、彼が嫉妬深いと思われる行為を人前で一定の回数以上行ってきたからである。つまり、この男は妻を以前にも殴ったことがあるのだ。ひょっとしたら先週も殴っていたかもしれない。以前に何度か妻を殴って、それを見られたことが、この男を嫉妬深いと村人が認識する理由となっている。同時に、その事実が、この男の暴力と妻の死との関係を直接的なものではない状況にしているのだ。ここで、この男はいうだろう。以前に殴ったときは死ななかったのに、なぜ今回死んでしまったのか。つまり、今回の「異常さ」の説明を求めるのである。

　私たちの社会には存在しない論理だが、実は論理的な部分がある。この嫉妬深い男の暴力が妻の死の直接的な原因であると誰もが言える状況とは、初めて暴力を振るった時点で妻が死んでしまうという場合だけである。以前に何度か暴力を振るったのに生きていたという事実は、この男の暴力と妻の死の関係を弱める働きをしている。以前に何度か暴力を振るった時に死ななかった事実が、その男の暴力と妻の死の直接的関係を無効と主張する根拠を与えているわけである。

　そこで、なぜ今回だけ不幸な結果となったのか、ということになる。そこに妖術が登場する余地が生まれてくる。以前の暴力と今回の暴力は、同じ暴力という範疇に入る。厳密に言えば、強弱の差はあるかもしれないが、その強弱の差は、この男の言説によって以前のほうがむしろ強かったといわれれば、反論はできない。だとしたら、その男の暴力だけでは死なないことになる。

　では、なぜ死んだのか。暴力という行為に、今回だけ妖術が介在したからだという主張が生まれてくる余地が発生する。乱暴な展開だが、論理的ではある。今回の暴力と以前の暴力が異なる点は、村の悪名高い妖術師が、妖術を使ったからに他ならない。これがこの男の主張を支える論理である。これが、エヴァ

ンズ＝プリチャード的解釈による、妖術という行為を説明する論理なのである。

第4節 神話

　神話とは、それを共有する人々に世界がどのように創られたのかを説明し、天体の運行の理由を説明し、その集団に基本的な世界の見方を提供する。レヴィ＝ストロースは、神話を生と死、男と女、自然と文化という二項対立を用いて「集団の成員」に「当たり前」を共有させる働きを持つと考えた。ここで簡単な作業をしてまとめてみよう。

（問6-8）次の神話を読んで、あとの二項対立の図を完成させてみよう。

　北アメリカ　イヌイットの神話

　太陽は非常に美しい女性であった。彼女は弟である月と一緒に住んでいたが、深夜になると彼女の元に毎晩通ってくる男がいた。彼女はその男が誰か判らず、ある時訪れてきた男の背中に煤を付けておいた。翌朝に弟の背中を見た彼女は、煤が付いているのを発見する。怒った彼女は家を出て行った。弟は後を追った。弟は今でも太陽である姉を追いかけているという。

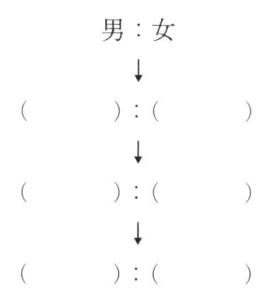

男：女
↓
（　　　）：（　　　）
↓
（　　　）：（　　　）
↓
（　　　）：（　　　）

第6章　信仰・信念体系　　145

```
        男：女
         ↓
        弟：姉
         ↓
        月：太陽
         ↓
     後を追う：家を出る
```

　このイヌイットの神話は、月と太陽の関係を説明している。この神話によって人々は昼と夜が交互に現れる理由を理解するのである。さらにインセスト・タブーの規範も示していると考えることもできる（本書第3章）。

（問6-9）次の神話を読んで、あとの二項対立の図を完成させてみよう。

　ハイエナとウサギの昔話（東アフリカ　カグルー族の神話）

　昔、大飢饉があった。そこで、野ウサギとハイエナがどうしたらこの飢饉を生き延びることができるか相談した。ハイエナは野ウサギの母方のおじだった。ハイエナは、自分たちの母（ハイエナの母と野ウサギの母）を殺して、その肉を売ろうと提案した。しぶしぶウサギは、おじの提案に従った。最初にハイエナの母を殺そうということになり、二人でハイエナの母のところに行った。母は逃げ回ったがついに刺し殺されてしまった。その肉を売ったため、しばらくの間食べ物に困らなかったが、次第にウサギは落ち着かなくなってきた。ウサギは、今度は、自分の母を殺さねばならないのがつらかったからである。そこで、ウサギは考えたあげく、ハイエナをだますことにした。狩りに出かけて運よくシカの肉を手に入れることができたので、その肉を自分の母を殺した肉だと偽って、ハイエナに渡した。そこ

で、ハイエナはとても喜び、また二人してその肉を売って歩いた。だが、飢饉は終わらず、ハイエナは飢えのために死んでしまった。一方ウサギの方は、ハイエナをだまして、洞穴に隠れてもらっていた母の知恵のおかげで、ながい飢饉を切り抜け、末長く母とともに平和に暮らすことができた。

この内容を二項対立に置き換えてみよう。

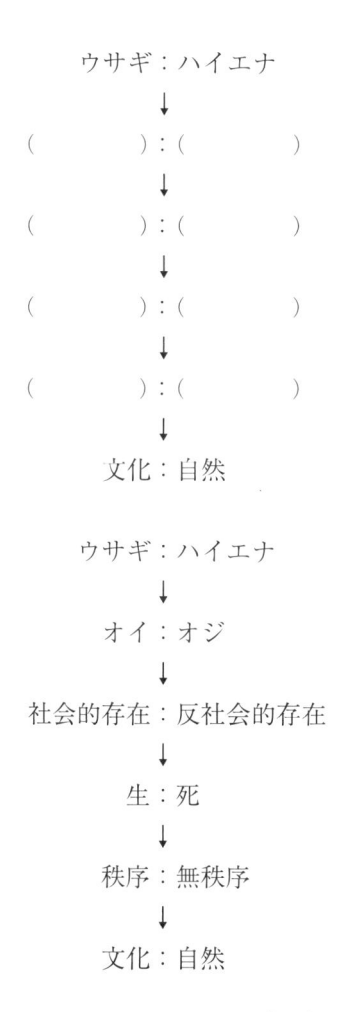

ウサギ：ハイエナ
↓
(　　　)：(　　　)
↓
(　　　)：(　　　)
↓
(　　　)：(　　　)
↓
(　　　)：(　　　)
↓
文化：自然

ウサギ：ハイエナ
↓
オイ：オジ
↓
社会的存在：反社会的存在
↓
生：死
↓
秩序：無秩序
↓
文化：自然

また、これを「野うさぎの母：ハイエナの母」の二項対立に置き換えると→「知恵：知恵の不在（無知）」の二項対立に置き換えられ、さらに→「生：死」という二項対立に変換できる。様々な解釈が可能かもしれないが、この神話は、「文化」の存在によって生存が可能となり、さらなる生存のためには知恵が必要なことを教えているという解釈が可能である。

第5節　日本人は宗教に対していい加減か？

　現在、世界中で、多様な文化、信念体系を共存させていくということが正しい方法だと考える人々が増え始めている。その意味で日本人の「信念体系のいい加減さ」や、ヨーロッパ人が伝えてきた葬儀と自分たちの祖先が行っていたとする「伝統的」葬儀を共存させる、カナダ先住民サーニッチの生き方から、異文化「共存」の方法を探ることはできないだろうか。

　ここで、本章の最初の問を再考しながら、以下の小泉八雲（ラフカディオ・ハーン）〔1850-1904〕の文章を読んでみよう。文学作品であるが、異文化理解のセンスという点からみると非常に文化人類学的だと思われる。あなたはどのように考えるだろうか。

　　神道は西洋科学を快く受け入れるが、その一方で、西洋の宗教にとっては、どうしてもつき崩せない牙城でもある。実際に優秀な学者であれ、神道とは何たるかを、解き明かすことはできなかった。神道とは、およそ宗教とは定義できないとか、無知な宣教師たちには、最悪の邪教だとか言われたりもした。つまるところ、西洋における東洋研究者が、その拠り所を文献にのみ頼るからである。ところが、神道の真髄は、書物の中にあるのでもなければ、儀式や戒律の中にあるのでもない。むしろ国民の心の中に生きてい

るのであり、未来永劫滅びることも、古びることもない、最高の信仰心の表れなのである。自然や人生を楽しく謳歌するという点で言えば、日本人の魂は、不思議と古代ギリシャ人の精神によく似ていると思う。

（小泉八雲『日本の面影』pp.153-154　一部割愛）

　この本が書かれたのは1894年である。イギリスの人類学者エドワード・タイラーが生きていた時代である。この時代の人類学における理論の中心は「文化進化論」というものだった。「宗教」の進化論的解釈として、タイラーはアニミズム（すべてのものの中に霊魂、精霊または霊が宿っているという考え方）を「宗教」の初期段階とし、そこから精霊崇拝、多神教、一神教へと「進化」したと主張した。それが、当時のイギリスの知識人の多くのものの見方に影響を与えていたのである。その中にあって、多神教である神道に対する小泉八雲の理解は、表現が文学的・感覚的ではあるものの、多神教の神道の精神と同じく多神教の古代ギリシャの精神の類似性を見抜く、鋭い観察眼を有している。

　進化論的思考が知識人の間で「当たり前」となってきた当時のイギリスに育ったラフカディオ・ハーン（小泉八雲）ではあるが、自文化の「当たり前」に疑問を抱き、独自の視点で対象（この場合日本の神道）を捉えようとした。この点が極めて文化人類学的である。現在、文化人類学を学ぶ私たちも、このラフカディオ・ハーン（小泉八雲）の視点の独自性から学ぶところがあるのではないだろうか。

【参考文献】

エヴァンズ＝プリチャード、エドワード・E『アザンデ人の世界』向井　元子［訳］みすず書房 2001 年
小泉八雲『新編　日本の面影』角川ソフィア文庫 2000 年
フレイザー、ジェイムズ・G『初版　金枝篇　上・下』吉川信［訳］ちくま学芸文庫 1999 年

Winch, P., "Understanding a Primitive Society," *American Philosophical Quarterly* Vol.I:307-324, 1964.

第7章
医療と文化

なぜ熱が出て咳をすると
「風邪をひいた」というのか？

この章では、文化人類学から見た「医療」について考えてみよう。前章までに積み上げてきた、文化人類学のものの見方を通して、「病い」の語りにおける「異文化理解」の事例を一緒に考えていきたい。

　「医療」を英語にするとmedicineとなる。「医学」はどうだろう。やはり、medicineである。本書は、文化人類学のものの見方を考えてきた。だから、一方のmedicineである「医学」は自然科学を中心とした一つの総合的学問分野として考えるので、本書の対象ではない。

　しかし、もう一方のmedicineである「医療」——実際に「医学」の知識体系を実践行為として社会に還元する分野——には「文化」が介入する。「文化」は多様なものであるから、「医療」も多様な姿を見せるはずである。まずは、読者にも馴染みのある産業化社会の「近代医療」における「文化」の存在について考えていくことにしよう。

第1節　近代医療における「文化」

　医師で人類学者のアーサー・クライマン（1996）は「病気（sickness）」を「疾患（disease）」と「病い（illness）」という二種類に分類している。クライマンの定義では、「疾患」とは生物医学的な視点から構成された現実を意味する。それに対し「病い」とは病者とそれを取り巻く人々が症状や苦しみを受け止め、対処し、生きていく、人間に本質的な経験である症状や患うこと（suffering）の経験であるという。「疾患」とは本書でいう「医学」に属する問題である。

　しかし、本章では、行為として「医療」という語を用いる場合、「疾患」に対する医師の対応とそれに対する患者の反応を含んでいることを強調しておきたい。以上のことをふまえ、はじめに次の問を考えていこう。

(問 7-1) 次の事例で「文化」がどのように介在しているとあなたは考えるだろうか。考えてみよう。

> ウィーンで活躍中のアメリカ人のオペラ歌手がいた。ある日、彼女は頭痛がするので医師に診てもらった。医師はオーストリア人である。その医師が処方したのは座薬だったが、頭痛に座薬をもらったことのない彼女は、早速それを飲み込んだ。
> 　　　　　　　　　（リン・ペイヤー『医療と文化』世界思想社 1988 年）

　この事例の背景にある社会――ヨーロッパの伝統ある国オーストリアと経済大国のアメリカ合衆国はともに産業化社会であり、「科学」である近代医療が普及している国である。どちらの社会でも頭痛という疾患に同じ医療的措置が施されるのを当然のこととして期待しているはずである。これを前提として考えていこう。
　アメリカ人オペラ歌手は、頭痛がして、医師を訪ねた。この時、当然、彼女は薬が処方されることを期待していたし、実際、その通りに処方箋が出された。ここまでは、アメリカと同じ状況であったはずである。そこで彼女は薬局に行き調薬してもらった。これもアメリカと同じ状況であろう。
　しかし、その薬の服用方法が異なっていた。この事例のオーストリア人医師（おそらくオーストリア人の薬剤師も）にとっては「頭痛薬」と「座薬」は同時に存在している。この医師は、「頭痛薬は座薬が当たり前」の「オーストリア文化」で育ったからである。そこで、この医師は、当然のこととして、「座薬」である「頭痛薬」の処方箋を書いたのである。一方、このアメリカ人オペラ歌手は「頭痛薬は飲み薬である」という「当たり前」を共有する「アメリカ文化」の中で育った。だから彼女にとって頭痛薬と経口薬は同じ意味を持っていた。

第 7 章　医療と文化

そこには「説明」や「理由」が入り込む余地がない。この「自明性」は「科学」の領域ではなく「文化」の領域であることにあなたはもう気づいているだろう。社会に埋め込まれた「自明で極めて影響力のある認識の仕方と規則の体系」が人間の行動や認識を規定し、科学的知識とは別の次元で個人の行動を決定するのである。だから両者ともまったく疑うことなしに、「頭痛薬」というものに対して瞬時にそれぞれの異なった対応をとったのである。

疾患があり、それに対応する薬が存在する。これは「医学」の領域である。しかし、その後の医師がどの薬を選択するかという行為自体にすでに「文化」の介入が始まっている。さらにその薬を「どのように服用するか」という服用方法になると明らかに「文化」の領域である。その背景には、一定の「服用方法」が一定の地域で人々によって共有され、「自明」となっているという「認識の仕方と規則の体系」が存在しているのである。ここに、「医療」、特に「近代医療」を考える上でも「文化」は避けて通れない問題であるという事実が浮上する。それは、次の問の事例にも明らかである。

(問 7-2) 次の事例は何を提示しているか考えてみよう。

> ドイツで仕事をしている若いアメリカ人の女性がいた。彼女は膣炎にかかってしまった。そこで、病院に行くと、彼女の膣炎に対してドイツ人の婦人科医は、抗生物質よりも泥浴がよいとすすめた。悲嘆にくれた彼女は友人に打ち明けて言った。「私はただ錠剤が欲しかっただけなのに。泥の中に座れなんてひどい……」　　　　　　　　（リン・ペイヤー『医療と文化』世界思想社 1988 年）

これもドイツとアメリカという産業化社会の「医療」が舞台の事例である。問題は 3 点ある。一つは「泥浴」に対するドイ

ツ人とアメリカ人の認識の違いである。この事例のドイツ人医師は、膣炎に対して泥浴を勧めた。特にドイツのバイエルン地方の泥には石灰の有機質や藻の成分に温泉の湯が混合し、免疫力を高めるということが認識されているようだ。そこでドイツでは、泥浴を慢性疾患や免疫性疾患の治療のために奨励する医師が多いという。これが、ドイツ人医師の泥浴に対する「極めて影響力のある認識の仕方」である。

　それに対し、この若いアメリカ人女性は、泥浴を民間療法と捉えている可能性がある。そして、アメリカでは民間療法を（アメリカで多くの人たちが考える意味での）「まじない」や「呪術」と同じカテゴリーに入れている。彼女はそのような社会で育った。彼女の認識では、泥浴は「非科学的」なものなのであり、近代医療のカテゴリーから排除されている。「錠剤が欲しかっただけなのに」という発言の背景にはそのような状況が考えられる。

　第二点目として、抗生物質に対する認識の違いも指摘できる。現代の医学では、子供の頃から抗生物質を大量に投与されると、将来アレルギーが多くなるという見方もある。これは抗生物質によって腸内細菌が減らされてしまうからだという指摘による。従って、あまり衛生環境が整っておらず、感染を受けやすい環境で育った子どもほど、成長した後にアレルギーが少ないという報告もある。

　ドイツで広く認識されている「泥浴」が有効であるとする見方に加え、このドイツ人の医師は「抗生物質」に対して否定的である。それに対し、アメリカでは、衛生環境が整い、「民間療法」が前述のようなカテゴリーと考えられている反面、近代医学から生まれた「抗生物質」に対しては「信仰」に近い信頼を置いている人が多いようだ。この事例のアメリカ人女性もその一人なのだろう。

　第三番目の問題は、お互いが「正しい」と信じている「認識」を疑っておらず、それぞれが自分の見解を「自明」のこととし

て、他方の見解についての説明を求めていないということである。「文化」とは「当たり前」のこと、「自明」なことであるから無理もない。このドイツ人医師に、アメリカ社会における「抗生物質」の社会的地位を考える余裕はなかっただろう。またどのように説明しても、このアメリカ人女性の「泥浴」に対するイメージと「抗生物質」に対する「信仰」を変えるのは容易なことではないであろう。根底に「文化」の問題が存在しているからである。次の事例はさらに込み入ってくる。

(問 7-3) 次の事例で、イギリス人 GP (general practitioner かかりつけ医) の妻がアメリカ人の患者が内診のときにとる体位を見て「野蛮」といったが、それは、自文化中心主義だからだろうか。また、この事例が明らかにする問題とは何か考えてみよう。

> イギリスの GP が、一時期アメリカのノースカロライナにあるクリニックで働いていた。彼はある日、妻をクリニックに連れて行き、アメリカの女性が内診の時に普通にとる体位を見せた。それを見た妻は、「野蛮だわ」と叫んだ。以後 GP は、患者に側臥位をとらせて内診をするようにしたが、これに対しアメリカ人の医師たちは不快感を示した。ところが、やがて、彼の診察室の前には患者が長蛇の列を作るようになった。彼女たちは「イギリス流」を聞きつけてやってきたのである。
> (リン・ペイヤー『医療と文化』世界思想社 1988 年)

ここでは、誰がどの立場から発言しているかということを問題にして考えていこう。この事例の人間関係を、やや極端に漫画的に、強弱の二項対立で表してみよう。あくまでも「病院」における「医師」と「患者」の関係を「ある指示を下す側」と「その下された指示に従う側」として考えてみる。そうすると、「医師たち：患者たち＝強：弱」、「アメリカ人医師：イギリス

人GP＝強：弱」、「イギリス人のGP：その妻＝弱：強」という構造が見えてくる。この構造の中で最も強者の立場にいるのがアメリカ人医師たちである。そして最も弱者の立場にいるのが、アメリカ人の患者たちとなるだろう。

　問題の「野蛮だわ」と発言しているGPの妻は、(夫の行動に指示を与え、それに従わせるほどの権力者ではあるが) 女性なので婦人科の「患者」になる可能性がある。さらに、彼女は医師ではないので、夫以外の医師に対しては、患者として「弱者」の立場で対峙する可能性がある。

　ともあれ、妻の命令に従順な夫は、アメリカ式をやめ、イギリス式の側臥位で診察をすることにした。すると、アメリカ人医師たちは、それに対し不快感を示した。アメリカ式を行わなくなったことに不快感を示しているのである。実証的な根拠があるわけでもなく、患者の感想を聞くわけでもなく、アメリカ流のやり方を優れていると考え、イギリス人GPの行為に不快感を示している。それは、アメリカ式が「当たり前」と考えていたからである。これも自文化中心主義といえそうだ。それでは、イギリス人GPの妻の自文化中心主義とアメリカ人医師たちの自文化中心主義は同じものであろうか。

　ここで、内診の体位について、もう少し詳しく考えておこう。アメリカ式の場合、診察に用いられる体位は、砕石位（胸膝位）といって、患者は医師と向き合い両脚を開いて診察をうけることになる。それに対し、イギリス式の側臥位では、患者は身体を横にして医師と顔を合わさないような体位で診察を受けるのである。確かに、治療者側から見れば、アメリカ式のほうが、診察が容易であるため、診療がよりスムーズに行えるかもしれない。しかし、明らかに、患者側から見れば側臥位の方が羞恥心を感じることが少なくてすむ。いずれにしろ、その社会が医師の診察の容易さに重きを置いているのか、患者の羞恥心を重んじているのかによって診察方法が選択されているのである。

第7章　医療と文化　　157

GPの妻の「野蛮だわ」という発言は、イギリス式が絶対に優れているという見解というよりも、むしろ患者の立場から発せられたものであった。確かに、異文化の方法を「野蛮」と考えるのは自文化中心主義のように思われる。しかしながら、これは弱者の立場からの願いも込められていた。例えば、かつてアメリカ先住民を虐殺し土地を奪ってきたヨーロッパ人に対し、先住民が「白人のやり方は野蛮だ」といった時に、その先住民を自文化中心主義だと即座に考えるだろうか。

　一方、アメリカ人医師たちは、アメリカ式を暗黙のうちに強制していた。なにしろ、この舞台はアメリカなのである。みんなアメリカ式を行っているのだ。それは、「当たり前」のことなのである。現在のアメリカ人や、ヨーロッパ人が自分たちのやり方を「当たり前」と考えて、「西洋的やり方」が世界中に広がっている状況に対し通常何の疑問も持たないのと同じである。

　この状況を考えれば、側臥位で診察するようになったGPに対するアメリカ人医師たちの不快感は強者の立場からの反応であり、一方のGPの妻の発言は患者側、つまり弱者側からの発言と考えることもできる。弱者の自文化中心主義は強者に影響を与えるものではないが、強者の自文化中心主義は、この事例の場合、病院での診察方法を決定する権利を持つという点で、弱者である患者に強い影響力を持っている。

　しかし、この事例の最後の部分にある「長蛇の列」は、弱者である患者でも「数」を増やし、力を結集することによって、一つの大きな力となりうる可能性を暗示している。やがて、その小さな力が結集されたものが強者側に変革を迫る力を持つようになる可能性を秘めているのである。

(問 7-4) 次の事例の背景に何があると思うか考えてみよう。

> カリフォルニアで休暇をすごしていたあるフランス人の教授がいた。そのフランス人の教授は狭心症を起こしたので受診したところ、医師から緊急に心臓バイパス手術を受けるようにすすめられた。教授は同意した。しかし教授は当時アメリカの心臓バイパス手術の実施率がヨーロッパの国々の28倍であったことや、その後の調査が示すように、心臓バイパス手術が緊急を要する場合はめったにないということを知らなかった。
> (リン・ペイヤー『医療と文化』世界思想社 1988年)

　この事例では、ヨーロッパ社会（文化）とアメリカ社会（文化）における外科的手術に対する意識の違いがはっきりと見て取れる。この事例の「当時アメリカの心臓バイパス手術の実施率はヨーロッパの国々の28倍であった」ことと、「心臓バイパス手術が緊急を要する場合はめったにない」ことが後に発覚したことが何を意味しているのか。

　まさに、「医学」は科学であるが、それを社会で実践していく「医療」は必ず「文化」の影響を受けることが、ここでも理解できる。それは、医学が発達していることや技術が進んでいるということとはまったく別の次元のことなのである。事実、アメリカとフランスでは、医学の発達や技術はほぼ同程度であるといえる。

　そこで、経済的な視点から考えてみよう。フランスの勤務医の平均年収は、日本の勤務医と同程度で、診療科に関係なく、2015年現在で1200万円程度だと言われている。それは一般サラリーマンの平均年収の3倍近い。このことは、フランスや日本では、診療科に関係なく、医療行為全般に高い社会的価値が置かれていることを意味している。これを反映して医師という社会的カテゴリーに対するフランス社会の認識が生み出される。

それに対し、アメリカでは、フランスや日本よりも医師の収入はさらに高く、平均すると1600万円程度である。診療科によって収入が異なり、特に外科医は突出している。多くの外科医は勤務医でも平均で2400万円の収入がある。ちなみに診療科別で最高収入なのは麻酔科医で平均収入が2466万円である。さらに、アメリカでは、看護麻酔士の年収が麻酔科医にかなり接近しており、他の看護師とは比べ物にならないほど高収入であるという事実がある。この背景に考えられるのは、アメリカでは医療行為のなかで外科的「手術」に社会的価値が最も高く置かれているという状況である。これを基盤としてアメリカ社会における「外科医」に対する認識が形成されているのだ。さらにリン・ペイヤーは以下のように述べている。

　フランス人が穏和な治療を好むことから、フランスの正統派医学の投薬量にも影響が出る――薬の量は概してアメリカより少なく、治療もアグレッシブな色彩を帯びることも少ない。これはすでに有効であると証明されている薬についてもいえることである。例えば血栓溶解剤ウロキナーゼの研究者は「フランス量」という言葉を使うが、これは「アメリカ量」の半分のことである。
(ペイヤー 1988: 71)

　アメリカ医学にはアグレッシブな性格がある。それは、医師がアグレッシブになるように訓練されていることも理由の一つであるが、アグレッシブと優秀とを同じものと考える患者が多いことにも原因がある。実際、私も評判の良い医師がいるという話を聞けば、アグレッシブな医師で、手術にしても徹底した方法が好きな医師であろうと期待してしまうのである。
(ペイヤー 1988: 192-193)

　この地域における一定の社会的カテゴリー（この場合は医師）

に対する認識が、その地域に住む人々の行動やそれに対する評価の絶対的基準となり、その地域の「常識」となるのである。アメリカとフランスは、どちらも近代医療を提供している国である。しかし、その実際の医療の具体的な内容はその地域の人々の「認識の仕方と規則の体系」を反映して大きな違いを見せるのである。

この事例の場合、このフランスの大学教授がノーベル賞受賞クラスの研究者で国宝級の人物であり、この心臓外科医が駆け出しの新人だったとしても結果は変わらないであろう。この事例においても指摘できることは、近代医療におけるこの異なり方、「文化」の影響力について、フランス人教授もアメリカ人医師もまったく認識していなかったことである。言い換えれば、「医療」に「文化」が介在し、近代医療であっても地域ごとに多様性が存在するという意識が欠如していたのである。それは、本節における事例すべての根底にある問題であり、近代医療を「概念」で捉えている、産業化社会に住む人々に共通した落とし穴なのである。

さらに、「医療」の状況に対する評価（認識）にも、「文化」が影響を与えている。以下の文章は、本章の第一節の事例の参考文献としている『医療と文化』の書き出し部分である。以下の事例から何が理解できるか考えてみよう。

(問 7-5-a) 次の事例から何が指摘できるか考えてみよう。

> 「ヨーロッパに住み、医学ジャーナリストとして仕事をすることになって、私はアメリカ医学とヨーロッパ医学との差が大きいことに驚いた。(中略) 最初のころ私は、アメリカの基準から外れたものに出会うたびに、それはヨーロッパの医学教育の程度がアメリカより低く、その医学が「未発達」なためだと思

いがちであった。私は生化学を専攻したアメリカ人として、医学がサイエンスであるかぎり、一つの病気の治療法には「正しい」ものと「誤った」ものがあるはずで、アメリカの基準から外れたものは「誤った」ものだと信じていたのである。
(リン・ペイヤー『医療と文化』世界思想社 1988 年)

　この文章の著者は、アメリカ人の医療ジャーナリストで、異文化に接触したときの気持ちを非常に素直に表現している。作者は、ヨーロッパに駐在し、その医療事情をアメリカの雑誌に報告する仕事をしていた。彼女は、アメリカの医療とヨーロッパの医療の様々な相違を発見する。最初は、その違いを「ヨーロッパの医学教育の程度がアメリカより低く、その医学が『未発達』なためだ」と決めつけてしまう。明らかに自文化中心主義的態度である。アメリカの医療が最も優れていて、その他の医療は、それよりも劣るという認識の反映である。

(問 7-5-b) 次の事例からどのように考えるか、考えをまとめてみよう。

　ヨーロッパ医学に関する私の理解が深まるにつれて、私にも次第にその有用性と正当性が分かってきた。はじめは民間療法のように見えた病気の見方や治療の仕方が、やがて合理的で望ましいものと見えるようになった。それと同時に私はアメリカ医学を違った観点からみるようになった。私がそれまで自明のこととして疑わなかった医療方法が、サイエンスの進歩の結果であるよりも、アメリカ文化のバイアス（偏り）から出てきたもので、それがときには人々の健康や福祉を促進するよりも阻害することがあると思われるようになったのである。よその国で、その文化的特性が医学に影響を与える様子を見ることによって、自分の国の文化的特性が医学に影響する状況がよく分かってきたのである。

（リン・ペイヤー『医療と文化』世界思想社 1988 年）

　ヨーロッパの事情に詳しくなるにしたがって、彼女は、初期に抱いていた「自文化中心主義的な見解」に疑問を持つようになる。やがて、彼女は異文化の医療を客観的に見るようになる。その客観性は、自文化の医療にも向けられ、自国の医療に対しても疑問を持つようになった。

　彼女は、自文化の医療と異文化の医療を同じような距離をおいて見ることができるようになっていく。「よその国で、その文化的特性が医学に影響を与える様子を見ることによって、自分の国の文化的特性が医学に影響する状況がよく分かってきた」という表現には、自文化中心主義から出発したヨーロッパ医療への見方が変化していき、やがては異文化の医療に対して「文化相対主義的視点」を獲得していくことが読み取れる。

　さらに、「私がそれまで自明のこととして疑わなかった」という部分は、本書の第 1 章で学んだ、ピーコックによる「文化」の定義における重要な部分を作者の言葉で語っているのである。「私がそれまで自明のこととして疑わなかった医療方法が、サイエンスの進歩の結果であるよりも、アメリカ文化のバイアス（偏り）から出てきたもの」という部分に彼女の重要な発見が表現されている。この部分は、高度な産業化社会においても「医療」は、その具体的実践や方法に「文化」の強い影響を受けることを示している。さらに、「その文化的特性が医学に影響を与える様子」という表現は、「文化」が「医療」に影響を与えることを明確に認識していることを示している。

　しかし、リン・ペイヤーは「医療」のなかの「文化」を「問題」として捉え排除することによって、よりよい「医療」が可能であると考えている向きがある。「文化的バイアス」という表現自体からもその認識が窺える。彼女は「文化」を「医療」の中にある好ましくないもの、排除すべきもの、もしくは乗り越

第 7 章　医療と文化　　163

るべきものとして捉えている。

　どんなに高度に産業化され、高度な科学を持った地域においても、人間の行動はつねにその社会が持つ「文化」の影響から決して逃れることはできないことにも彼女は気づいてはいる。ところが、文化人類学的に見て非常に興味深いのは、科学一辺倒の医師たちの発言を否定しつつも、リン・ペイヤーのような知的なアメリカ人が抱き続ける「科学」に対する信念、すなわち、「アメリカ文化」に埋め込まれた、科学によってすべての問題が解決するという認識からリン・ペイヤー自身も完全には自由ではないという点である。

　さて、以下の事例を読んであなたはどのように考えるであろうか。

> 　2013年2月、米国女優のアンジェリーナ・ジョリーが乳癌予防のため、両胸の乳腺切除の手術を受けた。遺伝子検査の結果、BRCA1と呼ばれる遺伝子に変異があり、乳癌・卵巣癌になる確率が一般の人よりもかなり高いことが判明し、乳腺を切除する手術に踏み切ったと説明。医師によれば、彼女は、乳癌罹患リスクが87％、卵巣がんが50％あった。一般に、BRCA1に欠陥がある場合の乳癌罹患率は65％で、(生涯のうちに一般の日本人女性の乳癌罹患率は6％—国立がん研究所統計) かなり高い数値である。彼女の母親は、56歳の時に癌で亡くなった。子供に同じ思いをさせたくなかったという。今回の措置により、彼女は発癌リスクを5％以下に減らした。
>
> 　　　　　　　　　　（2013.05.14 ネット上のニュースから編集）

　筆者は、ここでアンジェリーナ・ジョリーの行為に対し、批判や賛同で反応するのではなく、彼女がこの判断を下すのに、彼女の育った社会のものの見方（本書ではそれを「文化」と呼んできた）が強く影響し、その社会にある選択肢の一つを取り、決断しているというプロセスを見抜くことを提案しておきたい。

「文化」はその行為者の意識の奥深くに存在し、行為者の意思決定に深く関与しているのである。

第2節 「伝統社会」の医療における「文化」

この節では、カナダ西部の北極圏に居住するヘヤー・インディアンの医療に関する一連の事例を考えていくことにしよう。

(問7-6) 次の事例は、患者が、同じ症状に対し、民族集団ごとに異なった反応を示すというものである。その反応の違いは何によって生ずるのか考えてみよう。

> イヌーヴィク総合病院には、エスキモーの患者やインディアンの患者のほかに、白人の患者もやってくる。その白人の患者の生存率が、5分の1とされるような病状のとき、インディアンの生存率は10分の1ないし20分の1で、なかでもヘヤー・インディアンの生存率は100分の1といってもいいだろうという話だった。ヘヤー・インディアンの場合、経口食をまったく拒否して、一晩のうちに死亡する例がほとんどだという。これにひきかえ、エスキモーの患者は、なにくそとか、死ぬもんかとか罵声を発しながら痛みに耐え、もりもり食べるので、生存率が白人の同程度重病患者の2倍近くなり、快復の速度も速いという。(原ひろ子『ヘヤー・インディアンとその世界』平凡社1989年)

この文に登場するエスキモー(以降引用文以外は「イヌイット」)は、北米大陸の北極圏に居住する先住民である。「ヘヤー・インディアン」は、カンジキウサギ(ヘヤー)を主食としていることから「白人」によってそう呼ばれるようになった。彼らの自称は「デネ(Dene)」といい、カナダの北西部の極北地帯から南西部にかけて先住するアサバスカ系の言語を話す狩猟民である。アサバスカ諸語は、北極圏だけでなく、アメリカ合衆国のオレゴン州

やカリフォルニア州に居住する先住民も話し、最も話者人口が多いのはアリゾナ州に居住するナバホの人々である。このことから、イヌイットと比較すると、より南方の生活様式を持っており、北極圏での生活に不適合な部分があったと考えられる。ゆえに食料不足になる確率も高かったと推測できる。

　イヌイットと他のカナダ先住民（インディアン）を隔てる重要な慣習は食習慣にあり、イヌイットは北極圏の生活に最も適した食習慣をもっており、アザラシ、クジラ、トナカイなどを食料とする。「白人」と異なり、形質的にアジア系であるため、日光不足によるビタミンDを補うため狩猟した動物の生肉や内臓を食べる必要があった。それに対し、生肉を食べる慣習のない、より南の食習慣を持つヘヤー・インディアンなどの先住民と明確に区別される。

　この食習慣の差が先住民集団による生きる姿勢にも反映する。イヌイットは生きるために動物のあらゆる部位を生で食べるという積極性を見せ、特に主食が小動物のカンジキウサギなどの数少ない食べ物を分け合うヘヤー・インディアンとは生きることへの積極性に大きな違いがあった。生肉は食さないものの、この地域に居住する他の先住民はイヌイットとヘヤー・インディアンの中間のような食生活を送っていたため生存率がその中間となったのだと考えられる。

　ヘヤー・インディアンのような他者に分配する食料を少しでも増やすために自分の食べる分を食べないようにする慣習を、豊かな「産業化社会」に住む人々はなかなか理解することが難しい。産業化社会に住む人々は、「近代医療」を持つ社会の「生きる」姿勢とは異なる説明体系を持つ人々を「わけの分からないことを言う人たち」「未開人」と断定してしまう傾向にある。以下の文に端的に表現されている。

　「ほんとに不思議なものです。どうもヘヤー・インディアン

は生への執着を簡単に棄てるらしい。このあたりの原住民のなかでいちばん未開なんでしょうかねェ」というのが医師や看護婦たちの感想であった。
（原 1989: 365）

　しかしながら、著者の原ひろ子〔1934-〕は、聞き取り調査を行っていく過程で「守護霊」という存在を聞きだすにいたる。ここで大切なのは、第1章で指摘したことである。異文化に接したときに「変だ」と思うのは仕方ないが、「なぜ？」と問い続ける姿勢が必要なのである。以下の文は、その原の問いかけに対し、ヘヤー・インディアンが回答した内容をもとに記述されたものだ。

　ヘヤー・インディアンは、自分の守護霊が「生きよ」といっている間は、生への意志を棄てない。しかし、守護霊が「おまえはもう死ぬぞ」というと、あっさりと生への執着を棄ててしまう。そして、良い死に顔で死ねるようにと守護霊に助けを求め、まわりの人間たちにすがるのである。
（原 1989: 366）

　この部分からも、「白人」との接触後、西洋医学の支配する病院に入院していても当時のヘヤー・インディアンは祖先から受け継いだとされる「認識の仕方と規則の体系」によって自らの行動を決定していたことが分かる。そのヘヤー・インディアンの様子をもう少し詳しく見ていくことにしよう。次の二つの事例はヘヤー・インディアンの「痛み」に対する処置に関するものである。

（問7-7-a）以下の事例を読んで、ヘヤー・インディアンの「目に見える痛み」に対する処し方の理由を考えてみよう。

ヘヤー・インディアンは、外傷に対して驚くほど強い。その強さには個人差があるが、強ければ強いほど尊敬される。斧をふり降ろしながら、うっかり足を切りつけたときとか、鉄砲の流れ弾が上腕部を貫通したときとか、虫様突起炎の手術を受けた後いったん自分の目で傷口を確認したとき、痛さなんか何ともないと強がってみせる。外傷による出血なども、平然と受けとめる。そして止血のための応急処置として、皮ひもや布をさいたもので要所を縛りあげたりする知識をちゃんともっている。銃弾が腕の中に入ったのを自分でナイフでえぐり出し、気絶もせずに処置した人もいて、大いに尊敬されていた。切り傷などの折りには、カナダトウヒの樹脂を集めてきて、傷口を接合する。凍傷にかかった場合も、12〜3歳以上の者なら、人に頼らず自分で的確な処置をとるのが当然とされている。ときには手指や足指を1本ぐらい自分で切り落として、他の部位を救うといったことすらやってのける。
　　　（原ひろ子『ヘヤー・インディアンとその世界』平凡社 1989年）

　この段落では、ヘヤー・インディアンが、外患（近代医療的に分類すれば外科的外傷）にはめっぽう強く、適切な処置を心得ており、自分で、それも麻酔薬なしで「手術」に類することまでしてしまうほど豪胆であることが指摘されている。子供たちは、おそらく両親や周囲の大人たちから怪我をしたときの対処法を幼い時から学んでいると思われる。

　ヘヤー・インディアンの子供たちは、誰もいないところで怪我をしてしまったときに、自分で的確な処置を施さなければ、死に直結するほど厳しい環境の中に暮らしていることを自覚している。怪我の処置法という生存戦略が祖先から伝えられてきているのだ。「12〜3歳以上の者なら、人に頼らず自分で的確な処置をとるのが当然とされている」とあるように、子供たちは、自分で的確な処置をとることを常に教えられている。幼少期から繰り返し見たり体験したりしているこの作業が、ヘヤー・

インディアンには生きるうえで「当たり前のこと」として認識されている。厳しい環境で生き抜く知恵が確実に子供たちにも伝えられている状況が窺える。

(問 7-7-b) 以下の事例を読んで、ヘヤー・インディアンの「目に見えない痛み」に対する対応の理由を考えてみよう。

> ところが、目に見えない部位に起こる痛み、つまり頭痛、歯痛、咽頭痛、腹痛などには極端に大げさに騒ぎまわり、いかにもあわれな様子で、エイヤー、エイヤー（痛い、痛い）と泣きわめく。こんな傷なんか一人で治せると、毅然として10センチほどの切り傷の手当を自分でやっていた男が、どうして急に甘えっ子になるのかと言いたくなることがしばしばあった。目に見えぬ疾患に苦しむ者が出ると、テント仲間のみならずキャンプ仲間も大いに同情を示し、そばに必ず誰かがついていてやって、さすったり、励ましたり、水やお茶を飲ませてやったりする。いつもは、人は人、おれはおれといった感じで生活しているヘヤー・インディアンが、急に人と人との温かい連帯を示すのだ。
> （原ひろ子『ヘヤー・インディアンとその世界』平凡社 1989年）

原ひろ子は、ヘヤー・インディアンの「外患と内患」に対する極端な反応の違いについて報告している。外患に対しては極めて勇敢だったのに対し、ヘヤー・インディアンは、内患（内科的な症状）に対してはひどく意気地なしで大げさに騒ぎ回るのである。これは、どのように理解したらよいのだろうか。彼らの「生活様式」といってしまえば、それまでだが、ここで一つ説明のための仮説を立ててみよう。そのために問の文の次の段落を読んで仮説を考えてみよう。

> 　病気を治す特殊な知識と技術をもつ人々は、1920年ぐらいまでは、強いシャーマンだけだった。薬草を集めておいて、適宜に患者に与える。ドラムをたたきながら、治療のための歌を歌って、病気を追い出す。奇術を用いて、患者の体内から石や魚骨を取り出す等々、シャーマンの役割は大きかった。
> 　1926年にフォート・グッド・ホープからマッケンジー河を400キロ下ったところにあるアクラヴィクという町に、カソリック教会が結核療養所を建てた。そこで白人の医療に接して、白人の医師は強いシャーマンだぞと思ったインディアンたちもいたという。
>
> （原ひろ子『ヘヤー・インディアンとその世界』平凡社1989年）

　原がヘヤー・インディアンを調査したのが1960年代である。それは、ヘヤー・インディアンにとって、それまでの「伝統文化」とヨーロッパ起源の「カナダ文化」が混在しはじめ、「伝統文化」が日常生活から徐々に非日常に追いやられていった時代であった。「それまでのヘヤー・インディアン文化」とは、「病気を治す特殊な知識と技術をもつ人々は、1920年ぐらいまでは、強いシャーマンだけだった」と記されているように、それまでは、シャーマンが内患の説明をしていたのである。人々のシャーマンに対する信頼の程度は、患者に対しての説明の鮮やかさと、説得力の強さの度合いと、実際の治療の効果による。

　ヘヤー・インディアンの居住地域が北極圏に属するために、他地域ほど西洋文化の急激な流入はなかったと考えられるが、「西洋起源の医療」の噂は広まっていったに違いない。そして、1920年代後半のカソリック教会による結核療養所設立以降からヘヤー・インディアンたちは白人の医師に接するようになり、その治癒能力に驚嘆する。原が調査した年までの30数年間に「内患の治療」のカテゴリーに関して、ヘヤー・インディアンの「文化」が激変していた可能性は高い。

そこで、医師つまり「白人のシャーマン」が尊敬され始める。さらに、自分たちのシャーマンよりも、白人のカナダ人医師のほうが優れた治癒能力を持っているという認識が芽生えてきたと考えられる。

　ところが、当時のヘヤー・インディアン社会には、西洋医学の知識はまだそれほど浸透していなかった。資料によると、彼らの地域に国立の小学校が設立されたのが1949年である。すなわち、1960年代当時のヘヤー・インディアンにとっては、「病い」に関する「伝統的」説明体系が崩壊してしまったのだが、それに代わる新たな説明体系が与えられていない状態だったのである。

　言い換えれば、外患の治療技術は「伝統的」に引き継がれていったが、内患に関しては、その「説明」に誰を頼ったらよいか混沌としていた状態だった。それまでシャーマンが説明を担っていた「目に見えない部位に起こる痛み、つまり頭痛、歯痛、咽頭痛、腹痛など」は、説明を行う専門家を失ってしまっていた。ゆえに、「説明」されることのない「目に見えない痛み」は、「説明体系」を持たない「痛み」となってしまったのである。理由の分からない痛みが人々を不安に陥れるのは当然のことと理解できる。「目に見えない痛み」に説明がなされないため、ヘヤー・インディアンにとって非常に恐ろしい「痛み」となってしまったと考えられる。

　以上の説明はあくまで仮説である。しかし、この事例から明確に言えることが一つある。それは、目に見えない「痛み」、すなわち内科的「病い」は、罹患者が納得できるような「説明」が必要とされている、ということである。それが、呪術であるにせよ、妖術であるにせよ、あらゆる社会には「病い」に対する説明体系が存在していた。どの「伝統的社会」も「内患の痛み」

に対して独自の「説明体系」が存在し、また必要とされているのである。

第3節 「病い」の語りの多層性

　ここでは、「病い」の認識レベルとしての「医療」を考えてみたい。当然、その「認識体系」は、西洋起源の「近代医学」の「説明体系」とは異なることも多い。まず以下の事例を読んで「病いの説明」に妖術が使われる理由を考えてみよう。

(問 7-8)

> 　東アフリカに住むアザンデの人々は暑い日中、食料貯蔵庫の下でよく休憩する。ところで食料貯蔵庫は長年の間に白アリに食われて、くずれることが往々にしてある。これにもかかわらず、アザンデは、食料貯蔵庫が休憩している人々の上に倒れてけがをさせるようなことがあれば、それは妖術のせいだという。また頭痛や歯痛、腹痛などの病の原因の殆どを妖術のせいだという。そこでアザンデ人たちは怪我をしたり、病いになった場合、呪医のところへ行って自分に怪我をさせた者（妖術師）は誰なのか特定してもらう。
> （エヴァンズ＝プリチャード『アザンデ人の世界』みすず書房 2001年、改）

　これは、前章でとりあげた妖術の事例である。この事例について、「なぜ病いの原因のほとんどを妖術のせいだと考えるのだろう」と質問すれば、産業化社会に住む人々の多くは「医学が発達していないから」とか「未開人だから」と答えるかもしれない。そして彼らの言説は間違っているというわけだ。しかし、どのような言説もそれ自体に正誤があるわけではない。その言説がどのような経験に対して語られているのかによるのである。

　もしもまったく同じ経験についてそれぞれ異なる複数の言説

があれば、正誤の判断を下すことも可能かもしれない。しかし、その言説が指し示す経験そのものがまったく異なった状況だとしたら、どちらの言説が正しいのか判断を下すことはできないのである。

　浮ヶ谷（2005）は、エヴァンズ＝プリチャードによる「病い」に関する言説の分類、「いかに（how）」と「なぜ（why）」について解説している。「いかに」に分類されるものは、生物医学の視点から、病気になった原因についての生理学的な成因メカニズムや予防医学による多重原因、あるいは罹患率などの統計的データによって説明できるカテゴリーに入るものである。それに対し、「なぜ」に分類されるものは、「私はなぜこんな病気にならなければならないのか」という、生物医学的な説明とは別のレベルでの問いかけである。妖術の説明はこの「なぜ」に対する説明だったのだ。産業化社会では、これに対する答えを社会全体が納得するものとして共有していない。

　「医学が発達していないから」という解釈の誤った点は、産業化社会に住む人々が病気の医学的対処と妖術を同じレベルの対応として混同していることに原因がある。アザンデだけでなく、ほとんどの人々は何か不快な症状が現れるとそれに対応した薬草などが経験的に選択されていて、「いかに」に相当する、一次的にはその選択肢のなかから症状に対応していそうな薬草を選んだりするのである。それでも治らない場合、またはその症状が異常なものだと判断された場合の対応、すなわち「なぜ」への対応として妖術や他の超自然的説明が登場する。私たちはこの異なる経験に対する対処を混同して見ているので、「医学が未発達」や「未開人」という判断を下すのである。

　次の問を考えてみよう。

(問 7-9)

> 「風邪をひいたので熱がある」「風邪をひいて咳が出る」という文は論理的におかしいかおかしくないか。「妖術をかけられたので頭痛がする」「妖術をかけられたのでお腹が痛い」という文は論理的におかしいかおかしくないか。

以下の解説は浜本満〔1952-〕による解釈を基にしている。

我々にとっての病気の経験は、奇妙な転倒を含んだ経験として成立している。　　　　　　　　　　　　　　　（浜本 1990）

病者の視点から見れば、「病い」を経験することは、諸症状を経験するということといえる。「風邪」を経験することを例に、「風邪」という「疾患」の定義をあげることから考えてみよう。

かぜとは、ウイルス感染によって上気道炎を呈し、たいていは自然寛解する症候群である。原因となるウイルスは多種類あるが、ウイルス感染であるため抗菌薬は不要であり、治療は対症療法が中心となる。しかし、いわゆる「かぜ」の主訴に紛れてしまう疾患や、発熱のみで典型的なかぜ症状に欠けるが、見逃してはいけない重篤な疾患を鑑別することが必要である。
（藤友結実子・藤田直久「『かぜ』とはどういう病気なのか」京都府立医科大学雑誌 122(8).541〜547, 2013／下線引用者）

産業化社会に住む私たちも、日常「風邪」をこのように医学的には捉えていない。しかし、この定義からも分かるように、「風邪」を経験することは、具体的には、熱、咳、鼻水、鼻づまり、頭痛などの症状の経験から構成されていることは確認できる。この症状とは別に「風邪」を経験することはできないのである。

日常、「風邪をひいた」という表現をよく使うが、それは、

無意識のうちに、実際に経験している発熱や咳とは別のところに「風邪」が存在しているかのように捉えているといえるのではないだろうか。「風邪をひいたので、熱がある」「風邪をひいて咳がとまらない」さらに、「風邪が治って、熱がさがった」「咳がとまったから風邪がおさまったようだ」などの表現にそれは現れている。

私たちは「風邪にかかり、それが治る」というプロセスを「熱や咳を経験し、それらが消失していく」プロセスとは別のところ、「熱」や「咳」よりも深いところに存在しているかのように語る。より深い根源的などこかに「カゼ」があり、それが治ったので「熱」や「咳」が治まったというように無意識に語っているのだ。

しかし、実際は、「症状が現れそれが消えた」という同じ一つのプロセスをそれぞれ別の表現を使って述べているだけなのである。片方がもう片方の原因となるような 2 つのプロセスではない。症状に襲われた本人が感じている「発熱」や「咳」と区別されるような「風邪」の経験は存在しない。このように、同じ経験で一つであるはずのものが、「病い」の語りにおいては不思議な形で二重化されているのである。

全体と部分、パターンとそれを構成する要素は、異なる論理階型（logical type）に属している。論理階型とは、例えば、デパートと売り場との分類で理解できるかもしれない。

デパートは「クラス」と呼ぶことにする。古典的なデパートにおける「婦人服売り場」「紳士服売り場」「文房具売り場」「地下の食品売り場」はその「メンバー」と呼ぶことにしよう。より今日的なデパートでは、それぞれのブランドのコーナーとデパートとの関係と言ってもよい。

いま見てきたように、デパートとそれぞれの売り場（ブランドのコーナー）は論理階型レベルが異なる。「要素の集合全体は、その集合の要素となりえない」、つまり「デパートはその中に

第 7 章　医療と文化　175

ある〜売り場と同じ分類には入れない」ということである。「風邪」に置き換えれば、「風邪」と「発熱」や「咳」は論理階型レベルが異なることになる。

　異なる論理階型に属するものは、双方とも実体として捉えられる可能性はあるが、同時に同じ条件で実体であることはできない。「風邪」は「発熱」や「咳」と同じ条件で実体であることはできないのだ。言い換えれば、いかなる経験の対象項も、より上位のものに対しては「要素の経験」として経験されるが、より下位のものに対しては「パターンの経験」として経験される。異なる論理階型に属するものを同時に要素として経験することはできないのである。

　「カゼをひいて熱がある」という語りは、以上のような論理階型の混同を犯していることになる。「風邪」(クラス) と「発熱」「咳」(メンバー) は明らかに異なる分類にある。そうすると、多くの日本人の間で交わされる、「病い」についての語りは、このような論理階型の混同に基づいた語りだったのだ。「クラス」という、要素が互に結びついて作り上げる一つのパターンにすぎないものが、「メンバー」という、要素の分類の中に紛れ込んで、まるで要素であるかのような役割を演じているのである。

　伝統社会の人々が症状を経験し、その人の経験する苦しみの背後に妖術や憑依霊、その他を見て取っているというのが「変だ、おかしい」というのなら、産業化社会に住む私たちが「発熱」や「咳」という症状を経験し、その背後にそれらの症状を引き起こす「カゼ」という存在を意識していることに疑問を持たないことも同じように「変な、おかしい」ことだということになるのである。

第4節 「病い」の経験における多層性

4-1 日本における「病い」の多層性

　前述の産業化社会の伝統社会との齟齬(そご)を明確にするために、私たちの「病い」の経験のレベルを客観的に見直し、かなり強引ではあるが、私たちの「病い」を異なったレベルに分けてみよう。次の①〜③の事例から考えてみよう。

①

> あなたは発熱し咳がでるようになった。鼻水もでる。そして熱もある。その時、あなたは何が原因だと考えるだろうか。

　ほとんどの人は風邪が原因だと答えるだろう。しかし、風邪とはいったい何かと訊かれたらあなたは何と答えるだろうか。通常、前述のような医学的な解釈は行われないはずである。しかし、今回は、前述の定義の下線部に「見逃してはいけない重篤な疾患を鑑別することが必要である」という一文があることに注意しておこう。

　ともあれ、高度に医学が発達した産業化社会でも、一般人は決して、病気を「疾患」と捉えて対処しているわけではない。「病い」に対する第一次対応という側面で考えれば、伝統社会の対応と産業化社会における一般の人々の感覚はそれほど異なるわけではない。また、日常生活において、私たちは科学や近代医学の知識を基に行動しているわけでもない。私たちの社会に「近代医療」という手段が備わっているというだけの話なのである。

　それでは、実際にあなたは、その風邪に対してどのような対処をするであろうか。多分多くの人は休養をとるとか、風邪薬を買って飲むのではないだろうか。すぐに病院に行くという人もいるかもしれない。

　ここで重要なことは、私たちは風邪をひいたというとき、それは風邪を経験しているのではなく、咳や鼻水や発熱という具

第7章　医療と文化　　177

体的な症状を経験しているのである。それらの症状に対する私たちの最初の対応は、伝統社会に住む人々とほとんど同様なことである。産業化社会でも疾患に有効な「薬草」は評判がよく高価である場合が多い。ほとんどの人は市販された安価な薬を薬局で買って試してみるのではないだろうか。要するに、対処療法である。

②

> 5日たっても、咳はおさまらない。熱もつづいている。その時、あなたは何が原因だと考えるだろうか。

ある症状が思った以上に長く続く場合や、症状自体が耐えられないほどつらくなった時などあなたはどのように対処するだろうか。おそらくは、ほとんどの人が「医師のところへ行く」のは、通常、この時ではないだろうか。産業化社会に住む人間も、それよりも異常な、または激しい症状への認識や対処は異なってくるのである。

③

> 病院に行って診察を受けて、適切な指示を受けて、帰宅した。その後、再び10日たっても、さらに10日たっても治らないので病院に行き、しばらく検査入院することにした。退院後しばらく通院することになった。やがては1ヵ月、1年とたっても症状はいっこうにおさまらない。医師もその原因については不明だという。その時、あなたはどのように考えるだろうか。

近くの病院に行っても治らない。「見逃してはいけない重篤な疾患を鑑別することが必要である」という一文を思い出そう。そうなると、さらに専門的な病院、より近代的で規模の大きな病院などを次々に探していくことになるかもしれない。さらに、

どうも医学的な説明がつかないことになったとしたらどうだろう。この症状を抱えて、日常を生きていくことを受け入れなくてはならないとあきらめる可能性がある。

そして、なぜこの私が、私だけがこんな不思議な、「異常」な状態におかれているのだろうと考えるようになるかもしれない。この段階になると占いや、場合によってはお祓いなどの宗教的行為を依頼することもありうる。

以上の一連の身体的反応に、日本語には「症状」という同じ言葉があてられている。しかし、③の状態、すなわち、通常から見れば極めて「異常事態」になった状況を想像してみると、この段階の「症状」に対する認識と対応は、最初のものと異なることが理解できる。この状況では、超自然的原因を答えの中に含む解釈も可能になってくるのである。この認識をもって次の一連の事例を考えていこう。

4-2 東アフリカ、ドゥルマ社会における「病い」の多層性

次の①～⑤の事例は、東アフリカのドゥルマの人々が病いの症状をどのように捉え表現するのかを描いた浜本満「キマコとしての症状」からのものである。①～②はウトゥとチャムノ、キマコについての説明である。③～⑤はチャムノ、キマコの事例である。浜本によれば、ドゥルマ語では、身体的症状が話題にされる場合、ウトゥ (ut'u)、キマコ (chimako)、チャムノ (chamuno)、マグィリ (magb'iri) などの言葉が用いられるという。浜本は、人々がこれらの言葉を使う場合、それらはどのような症状として捉えられているのか論じている。

まずは、次の①と②の事例を読んで、「ウトゥ」と「チャムノ」あるいは「キマコ」はどのように異なるのか考えてみよう。

①ウトゥについて

> ドゥルマ語で身体的な不調に言及する言い方の一つにウトゥ ut'u がある。ウトゥはムトゥ (mut'u：人)、キトゥ (chit'u：物)、ブァトゥ (phat'u：場所)、等々と並んでドゥルマ語の特定の名詞クラスを代表する名詞で、「コト、モノ、なにごとか、問題」などとでも訳せる言葉である。身体の不調に限らず、金がないのも、家畜の病気も、人手不足も、息子の就職難も、いずれもウトゥである。要するにこの文脈では身体的不調は、人々が経験し得るさまざまな「問題」の一種にすぎない。
>
> （浜本満「キマコとしての症状」1990 年）

浜本によれば、人々は、ウトゥとして語られる身体の不調に対する対処にはきわめて熱心だという。その対処として用いられるのは、自家製あるいは呪医から与えられた種々の薬草、売薬、診療所での投薬や治療である。人々はドゥルマの中心地キナンゴにある国立の診療所に集まり、長い列に並んで無料で配布される薬を手に入れる。キナンゴ周辺の住民にとって、診療所は日常的な身体の不調の際に利用可能な手軽な機関のようである。

ここで非常に興味深い点は、長い列の中に、呪医とよばれる妖術による病いや憑依霊による病いの専門家も見られるということである。診療所で薬をもらうからといって呪医たちの評判に影響するわけではないという。ウトゥというのは、誰にでもある、病いならば薬をもらって治すことができるレベルの症状をいうようだ。このレベルの症状に対しての対症療法は「クヘンダ・ハメハメ」と呼ばれる。

②チャムノ、キマコについて

> チャムノ chamuno はドゥルマ語で「程度の高いさま」を意味する言葉ムノ muno から来た言葉であり、字義通りには「主要な問題、特に問題となること」の意味である。キマコ chimako

> は「驚く、はっとする」を意味する動詞 ku-maka から来た言葉で、字義通りには「人を驚かせるもの、はっとさせるもの」を意味する。これらは、病人やその家族に対するインタビューのなかで症状が言及される際のもっとも普通の表現である。(中略)
> 　占いから戻ってきた男に何を相談してきたのか尋ねたとする。彼は自分のキマコが、あるいはチャムノが子供の頻繁な下痢だと語るかもしれない。それが彼を占いへと赴かせた。しかし彼は子供が下痢をしているというそれだけの理由で占いを諮問したわけではない。もしインタビューがうまく行き、彼から詳しい話を聞きだすのに成功したなら、例えば、彼の妻の最近の振舞に気になるふしがあったこと、家事を怠りがちだったこと、頻繁に口答えするようになっていたこと、などを知ることができるだろう。結局占いは、子供の下痢が彼の妻に憑いている憑依霊の仕業であること、それが子供の魂 chivuri を奪った結果であることを示していたのである。
> 　　　　　　　　　　　　（浜本満「キマコとしての症状」1990 年）

　チャムノあるいはキマコとして身体的不調が捉えられるときウトゥとは異なった状況になる。チャムノあるいはキマコは占いや儀礼的治療につながる、より「程度の高い」病いの状態に用いる語であることが示されている。

　急激に症状が現れた場合、キマコとして扱われるのが通常のようであるが、キマコの対象となる症状については、明確ではない。人々は詳しく説明したりはしない。しばしばその症状の「異常さ」が指摘されるが、その「異常さ」は、浜本によると、診療所で治療不可能なほどの重病や「不治の病」ではなく、「まるで取って付けたような」比較的些細な症状のこともあるようだ。

　それでは、以下のチャムノ、キマコの事例を考えていこう。

第 7 章　医療と文化

③チャムノ、キマコの事例

> ある男が朝は元気に畑に出かけて行ったのに、帰宅すると身体の不調を訴え、翌日からは起き上がることもできなくなった。
> （浜本満「キマコとしての症状」1990年）

　この様子は、「通常」ではないが、特に誰も経験したこともないような「異常なこと」でも「驚くべきこと」でもないように思われる。朝元気に出かけていった人が仕事中に急に具合が悪くなることはそれほど珍しいことでもない。

④

> 実は、畑から帰ってきて病いに臥した男は、自分の畑のトウモロコシの成育の悪さを悩んでいた。そしてその日の朝、家族のものが止めるのも聞かず、畑で一種の呪術儀礼を行なったのである。それはごく通常の豊穣儀礼であり、他人の畑の作物を自分の畑に頂いてしまおうというものであった。例年誰もがやっていることである。（浜本満「キマコとしての症状」1990年）

　この部分は、まったく異常なところは見られない。豊穣儀礼は日本の農村にも見られることであり、他の「文化」から見ても自然な風景のように思われる。「呪術儀礼」という表現に多少の暗示があるように思われるが、驚くようなところはまったくない。しかし、次のことで明らかになる。

⑤

> しかし今年はどうも拙かった。その前年、反妖術師運動が起り、ドゥルマのいたるところに反妖術の呪薬、誰かが妖術を行使しようものならすぐさまその行使者を逆に滅ぼしてしまうという呪薬が仕掛けられていたのである。豊穣儀礼は結局一種の妖術ではないだろうか。家族の人々が恐れていたのはこれであ

る。はたしてその夜、男は身体の不調を訴え始めたのであった。
（浜本満「キマコとしての症状」1990年）

　ここが分岐点であった。人々がこの事態を「異常」だと判断したのは、症状そのものだけではなく、症状と他の様々な出来事との関係性が指摘できる場合だったのである。さっそく占いが行われたが、その結果は、みんなの予想に反して別のエージェントが原因だと特定された。その後すぐに、特定されたエージェントに対して、クラグラと呼ばれる呪医による治療が始まった。しかし、人々は依然として真の原因は、この男が行った豊穣儀礼が関係しているのではないかという疑念を抱き続けていた。
　ウトゥとしての症状の経験とは、症状が独立して存在し、他の様々な不幸と関係付けられることなく、それ自体が問題になっている状態であった。それに対して、ある症状を、他の様々な関連しあう不幸を含む、より大きな不幸の一部として表出してきたと人々が捉える場合、人々はそれをチャムノやキマコとして経験していることになるのである。

　症状は、諸問題がこのように関係付けられた「何か」として存在していることに人々の注意を引く、あるいは警告するものとして扱われる。それは文字どおり「人を驚かせるもの」なのである。
（浜本 1990）

　最後にもう一つ別の事例を挙げておこう。ここでは、「症状」としての「下痢」をすでにチャムノ、キマコとして見ている。

⑥
> 人類学者：チャムノは何だったのですか。
> ドゥルマ：あ、チャムノはただの下痢です。
> 人類学者：ところでいつから下痢をしているのですか。
> ドゥルマ：ずっと以前からです。病院は打ち負かされました。
> 人類学者：以前からといってもどれくらい前ですか。
> ドゥルマ：なんと去年からです。治ったと思えば、また下痢の繰り返しです。
>
> （浜本満「キマコとしての症状」1990年）

　この事例では、下痢とその原因となった「病気」はその都度適切に治されていたと思われる。その意味では、病院は「打ち負かされた」わけではない。病院は制度上、まだ発症していない症状にまで責任はとれない。ましてやこのケースのように最後に下痢をしたのが、今回の下痢の一ヵ月も前だということになると、現在の下痢を過去の下痢との関係で考えるなどは想像すらしないであろう。

　しかし、この下痢の子供の母親が注目しているのは、もはや個々の症状の発現を超えたパターンである。この子供は、一年以上もこのようなことを繰り返していたのであった。この母親が恐れているのは、今までと同じように今の下痢が治ったとしても次にまた何か不幸が起こることは必然というわけである。それは、同じような下痢かもしれないし、ひょっとすると、もっと恐ろしいことが起きるかもしれないという恐れとなる。このようにして単なるムトゥだった「下痢」がチャムノやキマコになっていくのである。

　ここまで読んできても、ドゥルマの人々が身体的不調と家畜の減少や畑の不作、その他の災難と関係があるかのように語ることを、まだ「変だ」と考えている人がいるかもしれない。それこそ、第1章で述べたように、ドゥルマの人々の認識の仕方

が私たちにとって「異文化」だからである。これも第1章で述べたように「変だ」と思って構わないのである。その代わり、彼らがなぜそのように考えるか、まずは理解しようと努めよう。本書では浜本論文の表面のほんの一部を切り取っただけである。興味を持った人はぜひ参考文献に挙げた浜本論文にじっくり取り組んで欲しい。

　そして、ドゥルマの認識の仕方が少しでも理解できたと感じたら、今度はそのドゥルマの認識の仕方で自分の認識の仕方を見直して欲しい。文化人類学がめざすのはまさにその瞬間なのである。そして、自分に問い直して欲しい。ドゥルマの場合と同じように、様々な災難が同時に同じ一人の人間に降りかかってきた時に、それらを何も関係ない個別の問題として捉えている私たちの認識の仕方にはまったく「変な」ところはないのだろうか、と。

【参考文献】

浮ヶ谷幸代「病気の原因をめぐる『いかに』と『なぜ』——自己と他者の人類学」日本新生児看護学会誌　VoL.11, No.2, 2005

エヴァンズ＝プリチャード、エドワード・E『アザンデ人の世界』向井元子［訳］みすず書房 2001 年

クライマン、アーサー『病いの語り——慢性の病いをめぐる臨床人類学』誠信書房 1996 年

浜本満「キマコとしての症状：ケニア・ドゥルマにおける病気経験の階層性について」『病むことの文化』波平恵美子［編］pp.36-66. 海鳴社 1990 年

原ひろ子『ヘヤー・インディアンとその世界』平凡社 1989 年

ペイヤー、リン『医療と文化』円山誓信他［訳］世界思想社 1999 年

ラトゥール、ブルーノ『科学が作られているとき——人類学的考察』川崎勝・高田紀代志［訳］産業図書 1999 年

オンライン資料

キャリアパーク https://careerpark.jp/18853/295325　（2015 年 8 月 7 日閲覧）

あとがき

　私が文化人類学の教科書を書くようになるなんて——というのが、筆者の素直な気持ちである。それは、驚きであり、感慨でもある。

　ではなぜ、本書を書こうと思ったのか。それは、筆者が、アカデミックな世界でのマイノリティだからである。優等生だった人が多いアカデミックな世界でのマイノリティだからこそ、分かりやすい教科書が書けるのだということを証明するために書いた。結果は読者に委ねるしかない。

　子供の頃、筆者は真の劣等生だった。漢字は書き順を覚えるのが苦手だったし、算数は計算の途中を間違えれば、ルールどおりに計算を進めても答えは間違っている。だから間違いばかりだということになる。筆者は勉強が大嫌いだった。成績も非常に悪かった。世の中に塾というものができ始め、皆が通うようになったころ、相変わらず海や野山で遊んでいた。だから、知らないうちに筆者はマイノリティになっていた。

　そこで、「あとがき」として、マイノリティの筆者と文化人類学とのかかわりを述べておくことにする。筆者の異文化接触の原点は幼少期にある。筆者は神奈川県の葉山町に生まれた。その頃、戦後約10年経っていたが、当時、葉山町のいかにも由緒正しそうな和風の家は、アメリカ人将校たちの住居として使われていることがあった。アメリカ人将校の家族と知り合う機会があり、よく家へ遊びに行った。外見は立派な伝統的日本家屋の中に入ると、どっしりとした西洋家具が置かれ、畳の上には厚い絨毯が敷かれていて、まるで別世界であった。そんな家屋の住民であるアメリカ人将校たちには当時の筆者と同じく

らいの年齢の子供たちがいて、筆者はその子供たちと遊んでいるうちに英語を覚えた。

当時、アメリカ人の豊かな暮らしぶりを見て、将来はアメリカへ行き、永住したいと思っていた。邸宅の外にはまだまだ貧しい日本の社会があり（筆者の家は特に貧しかった）、米軍将校たちの住む日本家屋の中は小さなアメリカで、立派な家具と食料も豊富にあり、独特のいい香りがした。だから将来アメリカ人の奥さんをもらって、アメリカ人になりたいと思うようになっていた。そして筆者の生活には60年代から70年代のアメリカのロックとアフリカ系アメリカ人の奏でるブルースが溢れていた。

やがて、筆者を息子のように可愛がってくれたアメリカ人将校の奥さんが勤める関東学院大学になんとか入学し、同時に、その将校の強烈なコネクションで、生活費と学費を稼ぐため横須賀の米国海軍横須賀基地でアメリカ人兵士に日本語を、日本人従業員に英語を教える仕事についた。（軍医キャンベル中佐夫妻には心より感謝申し上げる。）一生懸命教えた。教えるということがこんなにも楽しいことなのかと思った。だが、まだ教えることを一生の仕事にすることなど考えてはいなかった。ドルが高かった時代に、米軍から直接ドル建てで給料をもらう仕事をしていたため、円に換算するとかなりの貯金ができた。大学を卒業して後の1978年に知人家族を頼って渡米した。（この機会を与えてくださった葉山町の小林若枝さん、当時シアトル在住のジョージ岡野、ハルエ夫妻に感謝申し上げる。）アメリカで生活して初めて気付かされたのは、筆者の英語力のなさである。子供のころから英語に慣れていたとはいえ、友人のアメリカ人たちは、筆者に分かりやすいようにゆっくり話してくれていたのだった。アメリカに行って初めて気づかされた。

さらに筆者はアメリカ社会のもう一方の現実を見ることになった。日本人であることが差別される理由となる社会が存在し、当たり前の「人間」である以前に「日本人」であること、

再びマイノリティであることを毎日意識することが強要される生活が始まった。物事には多様な側面があり、多様な側面からものを見ていかなければならないことも教えられた。

　そんな中、先住民であるネイティブアメリカンの音楽やアートに出会うことになる。また、それらを通じて、アメリカで知り合ったカナダ先住民の友人の「文化」を知りたいと思い、1984年からはワシントン州の東部にあるイースタン・ワシントン大学大学院在学中、文化人類学を学ぶことになった。そこで筆者は、恩師ジョン・アラン・ロス教授と出会い、北米先住民文化を学んだ。文化人類学は、筆者を「変な英語を話す東洋人」から「アメリカ人にはない視点を持った面白い男」に変えてくれた。つまり、マイノリティだからこそ存在する意味があるのだ。楽しい日々だった。しかし、経済的な理由で日本への帰国を余儀なくされてしまう。

　日本に戻り、塾の講師をしながら、夏休みにはカナダへ行ってフィールドワークをするという在野の研究生活が始まった。カナダでのフィールドワークに協力してくれたのは、当時カナダ在住だった、イースタン・ワシントン大学時代からの友人細谷泰正君と父上の細谷平八郎氏であり、彼らには大変お世話になった。感謝申し上げる。

　筆者の「文化人類学」のフィールドは、カナダ西部の美しい森と海岸線に沿って居住する集団（人類学では一般に「北西海岸先住民」と呼ばれる）の一つであるサーニッチの人々の文化復興運動と民族的アイデンティティの関係の研究となった。カナダで出会った先住民の人々、特に長老アール・クラックストーン（ヤクルテ）から学んだ「文化」を敬う心、異文化に「共感」することの喜びが、当時の筆者の苦しい生活の精神的支柱となった。それは今も変わらない。また、サーニッチの親友、ジョン・エリオット（ストックワス）夫妻とチャールズ・エリオット（テモッセン）夫妻の変わらぬ友情に感謝を表したい。

当初は、いつかアメリカに戻るかカナダに住むかして、人類学の勉強を続けたいと思っていたが、経済的な問題もあり、また、当時専門学校の教員仲間だった現明治大学教授山口生史氏の大学院受験の話を聞いて、日本の大学院に進学することを決めた。助言を与えてくれた山口氏の友情に感謝する。(同じく、当時の同僚の井口郭子先生、青木洋子先生、竹内和義氏、佐藤孝敏氏の友情に感謝する。)

そこで、昼は専門学校で「文化人類学」を教え、夜は塾で英語を教え、土日に大学院の受験勉強をするという生活に入ったのである。その専門学校教員時代の上司、金原勝男先生に論理的な文章の書き方、論理的思考法の基本を教えていただいた。ご恩は一生忘れない。また中田佳代子先生からは、フィールドワークをしなさいと常に言われ、論文の文章校正をしていただいた。今でも感謝の気持ちで一杯である。

お二人の薫陶のおかげで、1991年にフィールドワークをまとめた研究報告論文が日本文化人類学会(当時の名称は「日本民族学会」)の機関誌に掲載され、それ以降、在野の研究者として、毎年学会で研究発表をするようになった。(その頃、親しくして頂いたスチュアート・ヘンリ先生や、岸上伸啓氏、大村敬一氏、渡部裕氏、齋藤玲子氏に感謝申し上げる。)また、当時から現在まで、常に筆者の文章にコメントと助言を与えてくれる友人三好雅之氏に感謝する。

そして、当時は東京都北区西ヶ原にあった東京外国語大学の大学院に入学することができた。そこで、文化人類学の泰斗川田順造先生のご指導を受けることができた。その後の筆者の実力不相応な、幸せな研究生活は川田先生との出会いのおかげである。川田先生には、生涯心より感謝申し上げる。また、中山和芳先生、栗田博之先生にもお世話になった。感謝申し上げる。外語大時代にも、川添裕子氏をはじめ良い友人たちに恵まれた。感謝したい。

川田先生のもとで修士号を取ったが、先生が退官される年

だった。(修士論文作成には友人の千葉潤一氏の協力に感謝する。)幸運にも、一橋大学大学院に博士後期入学がかなった。一橋大学の社会人類学研究室では、日本における「民族に関する理論」の第一人者の内堀基光先生のもとで学ぶことができた。また、東アフリカの妖術研究の先駆者である長島信弘先生、そして東アフリカの妖術理論において日本で最も注目されている浜本満先生のご指導も受けた。日本のオセアニア研究の第一人者で、文化人類学の良心と言われている清水昭俊先生にも大変お世話になり、懇切丁寧なご指導を受けた。清水先生からは文化人類学と共に誠実さと優しさを学んだ。大杉高司先生には、ご自身より年長のお荷物学生を引き受けてくださり、感謝している。先生方、奥野克巳氏をはじめ一橋大学における素晴らしい仲間との出会い(当時の筆者は積極的なゼミ参加者ではなかったが)にも感謝している。浜本先生のお宅でピザを食べながら真空管アンプで音楽を聴いて、時々、先生の難しい理論を説明していただいたことは、いつまでも思い出に残っている。元超優等生と元超劣等生の垣根を越えた至福の時だった。

　長期にわたる一橋大学の博士課程在学中、大学や看護学校で非常勤講師として文化人類学を教えることができた。都立北多摩看護専門学校の学生たちとは夏休みに勉強会を開いたこともある。優秀な学生たちだった。放送大学の世田谷学習センター(当時)で知り合った学生たちが中心となって、今でも年に4回「文化人類学の勉強会」を開いていて、今年で17年になる。(参加者:金莉瑛さん、炭谷和恵さん、落合由美子さん、渡辺やす子さん、隈元琢君、村田琢磨君、平山義國君、藤田和樹君に感謝する。)この勉強会は筆者の生涯の宝である。

　真面目で熱心な学生の多い栃木県立衛生福祉大学校の非常勤で文化人類学を教えている時に、自治医科大学の加藤直克先生の知遇を得て、自治医科大学でも教える機会を頂いた。素朴で優秀な学生たちを教える機会を与えていただき、専任として働

かせていただくことになった。その翌年、一橋大学大学院から博士号（社会学）が授与された。（これは鈴木穂波さんの協力がなければなしえなかったことである。心より感謝申し上げる。）審査では、岡崎彰先生、落合一泰先生、貴堂嘉之先生に大変お世話になった。感謝申し上げる。その後、自治医科大学の文化人類学研究室を運営し、学生教育に携わっていく過程で、多くの、優秀で誠実な医師や先生方と一緒に仕事ができるようになった。（筆者の文化人類学セミナーに参加してくれた学生たちと松田尚子さんに感謝する。）

　以降、勤務する大学の学生支援の仕事で多忙を極め、研究から遠ざかり、研究会からもすっかり声がかからなくなった。しかし、近年、浮ヶ谷幸代氏主宰の研究会で「拾って」もらい、阿部年晴先生を始め、星野晋氏、沖田一彦氏、松繁卓哉氏という素晴らしい仲間（飲み仲間）と出会えた。

　このような素晴らしい先生方、仲間、学生たちと出会えたのも、劣等生だった筆者を大学の教員にしてくれたのも、文化人類学に出会ったおかげである。筆者は、文化人類学との出会いに感謝している。また今は亡き親友の松沢清昭氏にはいつも筆者の可能性を信じてくれていたことに感謝する。本書を通じて、それらの出会いへの感謝が読者に少しでも伝わっていれば望外の幸せである。

　本書を出版する機会を作ってくれたのは、同僚の哲学者、稲垣諭氏である。出版に際しては、春風社の石橋幸子さんにお世話になり、岡田幸一氏には校正でお世話になった。感謝申し上げる。

　最後に、劣等生だった筆者を励まし続け、貧しい中、アメリカとカナダを放浪する息子を信じ続けてくれた、亡き母渥美登喜子に感謝の念を捧げる。

　　　　　　　　　　　　　2016年3月吉日　梅の花咲く京都にて
　　　　　　　　　　　　　渥美一弥

事項索引

アガミー 60
アザンデ 130, 137-138, 140-141, 143, 149, 172-173, 185
意味の網の目 12, 14
インセスト・タブー 60-63, 65, 67, 69-70, 146
女写し 48-49
外婚 60-61, 66-67, 69-70
環境 27, 48-49, 101-102, 106, 108, 110-111, 113-116, 118-121, 155, 168-169
機能 63-64, 83, 99, 111-116, 118
近代医療 152-155, 161, 166, 168, 177
言語 8-9, 16, 18-19, 22, 25, 31, 35, 106-107, 109-110, 114, 119, 165
婚姻 53, 57-62, 64-78, 80
恣意性 16, 25
恣意的 16-17, 19-20, 22-23, 25, 34, 37, 90
ジェニター 52-54, 77
ジェニトリックス 52-53
ジェンダー 33-35, 38, 45, 48-52, 55, 58, 72, 75-77, 80, 105
自然 9-10, 15, 45, 55-56, 84, 98, 101-110, 114, 118-119, 122, 145, 147, 149, 152, 173-174, 179, 182
疾患 152-155, 169, 174, 177-178
自文化中心主義 20-21, 30, 59, 72, 126, 156-158, 162-163
社会学的父 52, 75
社会学的母 52
宗教 8, 100, 109-110, 121, 124-129, 132, 135, 139, 148-149, 179
呪術 129-133, 135-136, 155, 171, 182
狩猟採集社会 43-44, 118
シンボル 22-24, 37, 40, 43
生物学的父 52, 77
生物学的母 52
全体的アプローチ 10-11, 26-27, 30, 48

通過儀礼 79-80, 82, 86-95, 97-99, 105
通文化比較 10, 30
トーテミズム 109
トーテム 109
内婚 60-62, 70
二項対立 35-38, 40, 43-45, 47, 49, 51-52, 67-70, 105, 110, 145-148, 156
農耕社会 120
病気 152, 162, 170, 173-174, 177, 180, 184-185
フィールドワーク 11, 30, 63, 119
文化 7-26, 29-31, 34-37, 40, 42, 45, 47-56, 58-60, 63, 67, 71-75, 77-78, 80-86, 88-89, 98, 100-102, 106-108, 110-111, 114, 116, 121-122, 125-126, 129-130, 132-133, 136, 139, 145, 147-149, 151-154, 156-159, 161-165, 167, 170, 182, 185
文化進化論 12, 132, 149
文化相対主義 20-22, 25, 30, 58, 163
ペイター 52-53, 55, 75, 77
ヘヤー・インディアン 47-49, 55, 165-171, 185
無徴 35, 38-39
メイター 52-53
病い 152, 171-177, 179-182, 185
有徴 35, 38-40
遊牧社会 119
妖術 129-130, 136-141, 143-145, 171-174, 176, 180, 182
monogamy（モノガミー：単婚）71-72
polyandry（ポリアンドリー：一妻多夫婚）71, 73, 77
polygamy（ポリガミー：複婚）71-73
polygyny（ポリジニー：一夫多妻婚）71, 73-74

索引　193

人名索引

アリエス, フィリップ 83, 99
ヴィトゲンシュタイン, ルートヴィヒ 17, 31
ウェスターマーク, E・A 62-63, 78
浮ヶ谷幸代 173, 185
エヴァンズ=プリチャード, エドワード・E 54-55, 86-87, 99, 115, 129-130, 137, 140-141, 144, 149, 172-173, 185
オートナー, シェリー 45, 55
小田昌教 106-107, 122
川田順造 26-27, 31
ギアツ, クリフォード 12-14, 31
クライマン, アーサー 152, 185
小泉八雲 148-149
須藤健一 45, 55
ソシュール, フェルディナン・ド 16, 19, 25, 31
タイラー, エドワード 11-13, 31, 149
ダグラス, メアリ 85, 88-89, 100
棚橋訓 48, 55
中村桂子 108, 122
浜本満 55, 122, 143, 174, 179-185
原ひろ子 47, 55, 167-170, 185
ピーコック, ジェイムズ 13-15, 31, 36, 163
ファン・ヘネップ, アルノルト 91-92, 99
フレイザー, ジェイムズ 132, 136, 149
ペイヤー, リン 153-154, 156, 159-160, 162-164, 185
ホール, エドワード 111-114, 122
ボック, フィリップ 111, 122
マリノフスキー, ブロニスロウ・キャスパー 63-64, 78
柳父章 105-106, 122
ライヘル=ドルマトフ 89, 100
リントン, ラルフ 73, 78

レヴィ=ストロース, クロード 67-70, 78, 145
ロザルド, ミシェル 45

【著者】渥美一弥（あつみ・かずや）
1954 年生まれ　神奈川県出身
一橋大学大学院社会学研究科博士後期課程修了　博士（社会学）
専攻は文化人類学（カナダ先住民サーニッチの「文化」復興運動についての研究）
現在、自治医科大学名誉教授
論文：
『遠い場所——カナダ先住民サーニッチにとってのアルコールとそのサファリングとケアとしての居留地』　浮ヶ谷幸代編「苦悩とケアの人類学——サファリングは創造性の源泉になりうるか？」（pp. 110–136）世界思想社　2015 年
『地域的アイデンティティの象徴としての先住民アート——北西海岸先住民サーニッチの教育自治と先住民アート』　齋藤玲子編「国立民族学博物館調査報告 131　カナダ先住民芸術の歴史的展開と現代的課題——国立民族学博物館所蔵のイヌイットおよび北西海岸先住民の版画コレクションをとおして」（pp. 301–317）国立民族学博物館　2015 年
「『伝統文化』を『名乗る』こと——カナダ・サーニッチ族の神話、地名、人名の今日的意味について」『民族学研究　第 61 巻 1 号』日本民族学会　1996 年

「共感」へのアプローチ
——文化人類学の第一歩

	2016 年 3 月 30 日　初版発行
	2023 年 3 月 13 日　三刷発行
著者	渥美一弥　あつみかずや
発行者	三浦衛
発行所	春風社　Shumpusha Publishing Co.,Ltd.
	横浜市西区紅葉ヶ丘 53　横浜市教育会館 3 階
	〈電話〉045-261-3168　〈FAX〉045-261-3169
	〈振替〉00200-1-37524
	http://www.shumpu.com　✉ info@shumpu.com
装丁	長田年伸
印刷・製本	シナノ書籍印刷株式会社

乱丁・落丁本は送料小社負担でお取り替えいたします。
©Kazuya Atsumi. All Rights Reserved.Printed in Japan.
ISBN 978-4-86110-497-8 C0036 ¥2000E